国家科学技术学术著作出版基金资助出版

自行车高速公路的规划理论及管理方法

胡启洲　著

科学出版社
北　京

内 容 简 介

近年来，人们对自行车出行的需求不断增加。世界各国纷纷兴建专门向骑行者开放的自行车高速公路。本书对自行车高速公路规划理论及管理方法进行研究，主要从自行车高速公路的发展历程、规划理论、规划方法、客流预测方法、综合评价方法、优化组合方法以及安全保障体系等进行研究，以实现提高自行车交通管理水平、保障自行车高速公路安全畅通的目标。

本书可作为高等院校相关专业的教材使用，也可作为研究人员、工程技术人员和相关学者的阅读参考书。

图书在版编目（CIP）数据

自行车高速公路的规划理论及管理方法/胡启洲著. —北京：科学出版社，2021.11

ISBN 978-7-03-070323-1

Ⅰ. ①自… Ⅱ. ①胡… Ⅲ. ①非机动车道–高速公路–公路规划–研究 Ⅳ. ①U412.37

中国版本图书馆 CIP 数据核字（2021）第 223365 号

责任编辑：张海娜 李 娜 / 责任校对：任苗苗

责任印制：吴兆东 / 封面设计：蓝正设计

科 学 出 版 社 出版

北京东黄城根北街 16 号

邮政编码：100717

http://www.sciencep.com

北京凌奇印刷有限责任公司 印刷

科学出版社发行 各地新华书店经销

*

2021 年 11 月第 一 版 开本：720 × 1000 B5

2022 年 1 月第二次印刷 印张：11 3/4

字数：236 000

定价：88.00 元

（如有印装质量问题，我社负责调换）

前　言

自行车是一种“低碳、绿色、休闲、强体”的交通工具，不但具有灵活方便、无能耗、无污染、适应性强的特点，而且具有强身健体和休闲娱乐的作用。特别是近年来人们对环境保护的意识逐渐加强，交通工具由“四轮”向“两轮”演变，这种“回归”从某种意义上称得上是交通理念上的一场变革。随着从“低速”到“高速”、从“短距离”到“长距离”的转变，自行车交通越来越受到大家的欢迎。因此，研究自行车高速公路有着重要的理论意义和实用价值。

自行车高速公路最早起源于美国，发展于欧洲，将来将惠及全球。自行车高速公路是指限制速度高于城市道路自行车平均运行速度的自行车专用道。自行车高速公路系统是一个包括自行车高速公路硬件服务设施以及软件管理机制的综合系统。自行车高速公路要求路面平坦宽阔，两边虽然不一定是全封闭的，但全程没有交叉口，因此不用设红绿灯，并禁止汽车等机动车行驶，更严禁行人行走，这为骑行者能以较快的速度在城市之间穿行创造了有利条件。为了保证自行车高速公路硬件服务设施的有序建设，以及自行车在高速公路上的安全行驶，本书在分析国内外自行车高速公路发展现状的基础上，对比国内外自行车高速公路的建设及运营情况，构建自行车高速公路的规划理论及管理方法；特别是研究自行车高速公路客流预测方法、线网优化、运行评价以及安全保障体系等相关内容，以实现提高自行车交通管理水平、保障自行车高速公路安全畅通的目标。

本书是作者多年在自行车高速公路方面研究成果的汇总，也是作者对学术探索的积累。本书得到国家科学技术学术著作出版基金以及河南省科技攻关项目“应急交通抢修的智能决策技术”(182102310004)的支持。本书由胡启洲撰写，课题组马超、邓洁仪、姚泽宇、吴翊凯、耿灿欣、宋阳、雷爱国、邱乐侠等参与了本书的部分撰写工作，在此一并表示感谢。

由于作者水平有限，书中难免存在不妥之处，敬请读者批评指正。

2021 年 6 月 1 日

目　录

前言
第 1 章　绪论 …… 1
1.1　自行车的组成元素 …… 3
1.2　自行车的属性特征 …… 4
1.3　公共自行车的发展历程 …… 6
1.4　公共自行车的系统架构 …… 8
1.5　自行车高速公路的相关术语 …… 8
1.6　小结 …… 9
第 2 章　自行车高速公路的发展历程 …… 10
2.1　德国的自行车高速公路 …… 11
2.1.1　德国自行车的发展历程 …… 12
2.1.2　德国自行车的特征属性 …… 13
2.1.3　德国自行车高速公路的现状分析 …… 13
2.2　荷兰的自行车高速公路 …… 14
2.2.1　荷兰自行车的发展历程 …… 14
2.2.2　荷兰自行车的特征属性 …… 15
2.2.3　荷兰自行车高速公路的现状分析 …… 18
2.3　丹麦的自行车高速公路 …… 20
2.3.1　丹麦自行车的发展历程 …… 20
2.3.2　丹麦自行车的特征属性 …… 23
2.3.3　丹麦自行车高速公路的现状分析 …… 24
2.4　英国的自行车高速公路 …… 24
2.4.1　英国自行车的发展历程 …… 25
2.4.2　英国自行车的特征属性 …… 26
2.4.3　英国自行车高速公路的现状分析 …… 27
2.5　欧洲的自行车高速公路 …… 28
2.5.1　欧洲各国自行车对比分析 …… 28
2.5.2　欧盟的自行车高速公路 …… 30
2.6　中国的自行车高速公路 …… 30

2.7　小结 …… 32
第 3 章　自行车高速公路的规划理论 …… 33
3.1　自行车高速公路的基本特征 …… 33
3.1.1　自行车高速公路的架构形式 …… 33
3.1.2　自行车高速公路的外部关系 …… 35
3.1.3　自行车高速公路的内部关系 …… 36
3.1.4　自行车高速公路的主要特征 …… 39
3.2　自行车高速公路的规划理念 …… 41
3.2.1　自行车高速公路的规划原则 …… 41
3.2.2　自行车高速公路的规划期限 …… 42
3.3　自行车高速公路的规划框架 …… 42
3.3.1　自行车高速公路的规划流程 …… 43
3.3.2　自行车高速公路的规划内容 …… 44
3.4　自行车高速公路的“点”规划设计 …… 46
3.4.1　自行车的规划设计 …… 46
3.4.2　自行车场站的规划设计 …… 47
3.4.3　自行车高速公路的细节设计 …… 48
3.5　小结 …… 53
第 4 章　自行车高速公路的规划方法 …… 54
4.1　自行车高速公路规划的影响因素 …… 54
4.2　自行车高速公路的场站规划方法 …… 55
4.2.1　自行车高速公路起(终)点规划原则 …… 55
4.2.2　自行车高速公路服务站规划原则 …… 56
4.2.3　自行车高速公路交通枢纽规划原则 …… 57
4.3　自行车高速公路线网的规划方法 …… 58
4.3.1　自行车高速公路的交通特征 …… 58
4.3.2　自行车高速公路的架构体系 …… 58
4.3.3　自行车高速公路线网的设计方法 …… 61
4.4　小结 …… 66
第 5 章　自行车高速公路的客流预测方法 …… 67
5.1　自行车高速公路的客流特性 …… 67
5.1.1　自行车高速公路客流的基本特性 …… 67
5.1.2　自行车高速公路客流的宏观特性 …… 68
5.2　自行车高速公路的客流预测模型 …… 71
5.2.1　自行车高速公路客流的多元回归客流预测模型 …… 72

5.2.2 自行车高速公路客流的指数平滑预测模型 …… 76
5.2.3 自行车高速公路客流的马尔可夫链模糊预测模型 …… 79
5.2.4 自行车高速公路客流的灰色数列预测模型 …… 82
5.3 数例分析 …… 83
5.4 小结 …… 90
第 6 章 自行车高速公路的综合评价方法 …… 91
6.1 自行车高速公路的评价指标体系 …… 92
6.1.1 评价指标体系的构建原则 …… 92
6.1.2 评价指标体系的量化函数 …… 92
6.2 自行车高速公路的评价模型 …… 97
6.2.1 基于集成法的自行车高速公路综合评价 …… 97
6.2.2 基于数据包络分析法的自行车高速公路综合评价 …… 104
6.2.3 基于神经网络分析法的自行车高速公路综合评价 …… 109
6.2.4 基于层次熵法的自行车高速公路综合评价 …… 113
6.3 小结 …… 117
第 7 章 自行车高速公路的优化组合方法 …… 118
7.1 自行车高速公路优化原则 …… 118
7.1.1 自行车高速公路的优化目标 …… 119
7.1.2 自行车高速公路的优化算法 …… 120
7.2 基本路段的自行车车道优化方法 …… 123
7.2.1 基于服务流量的自行车车道宽度优化模型 …… 124
7.2.2 自行车并列行驶和超车行驶时的自行车车道宽度优化模型 …… 125
7.3 自行车高速公路车道出入口的优化方法 …… 126
7.3.1 自行车高速公路车道入口段优化模型 …… 127
7.3.2 自行车高速公路车道出口段优化模型 …… 129
7.3.3 自行车高速公路车道出入口优化设计效果 …… 129
7.4 自行车高速公路辅助服务设施优化方法 …… 130
7.4.1 自行车停车设施优化方法 …… 130
7.4.2 其他服务设施优化方法 …… 132
7.5 自行车高速公路车道优化的案例分析 …… 132
7.6 小结 …… 133
第 8 章 自行车高速公路的安全保障体系 …… 135
8.1 自行车高速公路的安全保障机理 …… 137
8.2 基于人的自行车高速公路安全保障体系 …… 138
8.2.1 骑行者的心理特性 …… 139

8.2.2 骑行者的生理特性 …… 141
8.2.3 骑行者的行为特性 …… 142
8.2.4 基于人的安全保障措施 …… 143
8.3 基于车的自行车高速公路安全保障体系 …… 145
8.3.1 自行车的分类及选择 …… 145
8.3.2 公路自行车安全检测 …… 147
8.3.3 自行车的安全设备 …… 151
8.3.4 车辆管理措施 …… 154
8.4 基于路的自行车高速公路安全保障体系 …… 155
8.4.1 路线的线形设计 …… 155
8.4.2 标识标线设置 …… 159
8.4.3 安全设施设置 …… 164
8.4.4 停车休闲区设置 …… 167
8.4.5 安全管理措施 …… 170
8.5 自行车高速公路安全管理机制 …… 170
8.5.1 立法管理 …… 171
8.5.2 安全管理系统 …… 171
8.5.3 安全管理措施 …… 174
8.6 小结 …… 175
参考文献 …… 176

第 1 章　绪　　论

“低碳交通、绿色出行、强身健体、休闲娱乐”，也许是人们出行的最佳境界。哪种交通工具能让人们的出行变得更快捷、更便利、更安全、更绿色、更健康、更环保？答案也许是：自行车。自行车作为交通工具一方面改变了人们的出行理念：“四轮”向“两轮”的演变；另一方面改变了它的时空特性：从“低速(15km/h以下)”到“高速(30km/h 以上)”，从“短距离(5km 以下)”到“长距离(30km 以上)”的发展。

21 世纪以来，正当包括中国、印度、土耳其、越南、巴西、马来西亚、南非、俄罗斯等在内的发展中国家大力发展各自的高速公路和高速铁路时，欧洲的一些发达国家(如丹麦、荷兰、德国、英国、法国、挪威等)却另辟蹊径地纷纷兴建专门向骑行者开放的自行车高速公路。交通工具经历由“两轮”向“四轮”，再由“四轮”向“两轮”的演变过程，自行车经历由“低速”到“高速”的发展。“两轮”的交通出行，已经成为人们健康出行的最佳选择之一，因为从“四轮”回归到“两轮”能使人们的出行更加健康、绿色和环保。德国自行车高速公路示意图如图 1.1 所示。

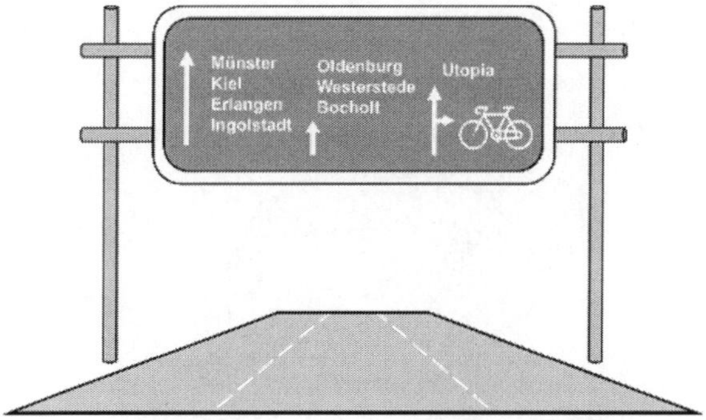

图 1.1　德国自行车高速公路示意图(一)

自行车高速公路是指路面平坦宽阔、专门用于骑行的城市间交通线路。这些专用通道两边虽然不是全封闭的，但全程没有交叉口，因此不用设红绿灯，便于快捷出行。虽然自行车高速公路在国外是统称，但是不同国家也有不同的称呼方法，即译法。

第一种译法：英美译法。自行车高速公路在英国和美国等国家称为 cycle super

highway 或 bicycle super highway，中文可以译为自行车高速公路。

第二种译法：丹麦译法。自行车高速公路在丹麦称为 Cykelmotorvej(bicycle motorway 或 bicycle super highway)，中文可以译为自行车高速公路。

第三种译法：荷兰译法。自行车高速公路在荷兰称为 Fietssnelweg 或 Snelfietsroute(bicycle highway，highspeed cycle route 或 fast cycle route)，中文可以译为自行车公路或者快速自行车路。

第四种译法：德国译法。自行车高速公路在德国称为 Radschnellweg(fast bicycle path)，中文可以译为快速自行车车道。

总之，自行车高速公路到底是高速路，还是快速路，或是自行车专用道，目前国际上没有统一的标准和界定。本书统称为自行车高速公路(bicycle super highway，BSHW)。为了便于区别自行车高速公路和其他自行车交通，本书把自行车交通工具分为两种：高速公路自行车和普通速度自行车，分别简称高速自行车和普速自行车。

目前，世界上很多国家(丹麦、荷兰、德国、法国、英国、挪威、瑞典等)在规划、建设和运营自行车高速公路。但由于国家理念的差异，这些自行车高速公路在规划建设和管理上都有不同的特点，比较典型的是丹麦和德国。

(1) 丹麦自行车高速公路示意图如图 1.2 所示。2012 年 4 月 17 日，丹麦的第一条自行车高速公路问世，该公路全长 22km，连接首都市中心和郊区。该自行车高速公路全程配备先进的电子交通信号系统，以避免上下班高峰时段可能出现的拥堵。此外，沿途每隔 1.6km 设有一个服务站，其集中了自行车充气处、修理处和停靠休息室，为骑行者提供方便。

图 1.2　丹麦自行车高速公路示意图

(2) 德国自行车高速公路如图 1.3 所示。德国正式开放了全程达 100km、号称世界最先进的自行车高速公路。自行车出行者可以在已开放的路段高速通行，最高速度可达 50km/h。

图 1.3　德国自行车高速公路示意图(二)

1.1　自行车的组成元素

自行车不仅是一种低碳环保的交通工具，而且是一种强身健体的运动工具，更是一种时尚青春的生活方式。特别是在现代社会，自行车是一种没有等级区别的交通工具，是一种体现了“人人平等”的交通工具。所以，近年来人们越来越喜欢自行车这种交通工具。

1. 自行车的发展历史

自行车已经有二百多年的历史，也影响着世界各国人们的出行进程，成为人们出行最直接的交通工具。简单来说，自行车诞生于 1815 年的法国，当时的自行车没有中轴和脚蹬；1869 年，法国人玛金对自行车进行了第一次改造，增加了前轮脚蹬；1890 年，英国人将自行车的实心轮胎改造成空心轮胎，实现了自行车的第二次改造；1890 年，自行车进行批量生产，开始进入千家万户，成为普通民众的出行工具[1]。自行车自身具有便捷、清洁、廉价、环保、健身、占地面积小的特点，被许多人推崇为发展绿色交通的对象。自行车简图如图 1.4 所示。

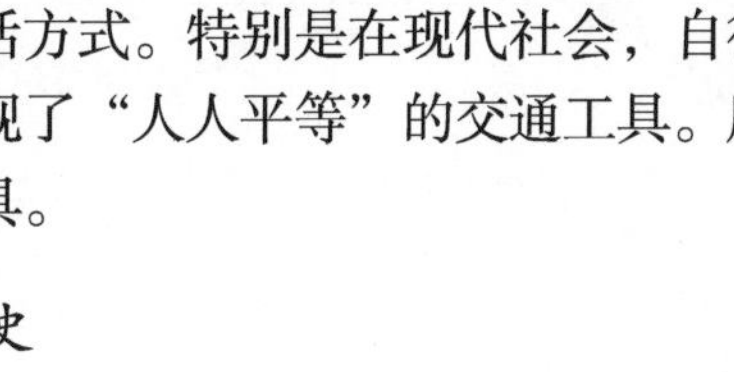

图 1.4　自行车简图

2. 自行车的基本定义

自行车(bicycle，其中 bi 意指二，而 cycle 意指轮，即两轮车，也称为 bike)，又称脚蹬车或单车，通常是两轮的小型陆上车辆。

自行车的动力以人力为主，人骑上车后，以脚踩脚蹬为动力，不需要燃料和其他能源。

自行车的优点是灵活方便、无能耗、无污染、噪声低、振动小、有益健康等；缺点是其出行受天气影响比较大。自行车实物图如图 1.5 所示。

图 1.5　自行车实物图

3. 自行车的系统架构

目前，自行车是人类发明的最成功的一种人力机械，是由许多简单部件组成的复杂系统。自行车作为一种交通工具，由车架、轮胎、脚蹬、车把、链条、鞍座等 20 多个部件组成。自行车的车架是自行车的骨架，它所承受的人和货物的质量最大，一般自行车都有超过 300kg 的载重量。按照自行车各部件的工作特点，大致可分为自行车的导向系统、驱动系统、制动系统等三个组成系统[2,3]。

(1) 自行车的导向系统。自行车的导向系统由车把、前叉、前轴、前轮等部件组成，骑行者可以通过操纵车把来改变自行车的行驶方向并保持车身平衡。

(2) 自行车的驱动系统。自行车的驱动系统由脚蹬、中轴、链轮、曲柄、链条、飞轮、后轴、后轮等部件组成。人脚的蹬力是靠脚蹬通过曲柄、链轮、链条、飞轮、后轴等部件传动的，从而使自行车不断前进。

(3) 自行车的制动系统。自行车的制动系统由车闸部件组成，骑行者可以随时操纵车闸，使行驶的自行车减速、停驶，确保行车安全。

1.2　自行车的属性特征

自行车是一种“门到门”或“户到户”的个人交通工具。自行车比较适合短距离行驶，也可以实现 15km，甚至 20km 以上的长距离出行。自行车的属性特征有以下几个方面：

(1) “时空便捷”——自行车的便捷性。自行车不像各种机动车受到时间和路面的条件限制，可以随时出行。因此，自行车具有时空的便捷性。自行车可以灵活地选择时间和路面，并从出发地直达目的地，而且一辆自行车的质量在 15kg 左右，便于存放，即使出现故障，也可以人工搬运。

(2) “节能环保”——自行车的环保性。自行车不产生废气、无排放物、噪声低、振动小、无能耗，具有节能环保的特性。自行车在行驶过程中完全靠人力，不会产生任何的污染，也不消耗能源，同时能够锻炼人的体能。

(3) “经济成本”——自行车的经济性。普通自行车的价格在 200～500 元/辆(欧洲为 1000～5000 元/辆)，虽然世界各国自行车价格不一，但是基本都在各国普通居民可以承受的范围之内。因此，自行车作为交通工具具有成本低的特性。

(4) “使用成本”——自行车的实用性。一方面，当自行车静止时，占地面积小，一辆自行车长度不超过 2m，宽度不超过 1m，与其他交通运载工具如轿车、货车相比占地面积小；另一方面，平均每辆自行车运行时需要的道路面积为 $9m^2$，而平均每辆轿车运行时需要的道路面积为 $40m^2$，约是自行车的 4.5 倍，所以自行车运行时占地面积也小。因此，自行车作为交通工具具有较强的实用性。

(5) “社会成本”——自行车的社会性。自行车与小汽车行驶 1km 的社会成本比较见表 1.1(表中负值为社会效益)[4,5]。在高速公路等基础设施投资中，自行车属于低投入、高社会回报率的投资。因此，自行车作为交通工具具有低成本的社会性。

表 1.1 自行车与小汽车行驶 1km 的社会成本比较 (单位：元)

序号	指标	自行车出行成本	小汽车出行成本
1	时间	4.95	1.58
2	车辆运行	0.33	1.01
3	延长寿命	−2.56	0
4	健康	−2.88	0
5	事故	0.77	0.22
6	旅游	−0.02	0
7	空气污染	0	0.03
8	气候变化	0	0.04
9	噪声	0	0.36

续表

序号	指标	自行车出行成本	小汽车出行成本
10	路面损坏	0	0.01
11	拥堵	0	0.46
总计		0.59	3.71

数据来源：http://www.cycling-embassy.dk/wp-content/uploads/2011/05/Bicycle-account-2010-Copenhagen.pdf。

丹麦哥本哈根市政府研究成果表明，骑行 1km 能产生 1 克朗(1.1 元左右)的社会效益，而开小汽车 1km 产生 0.7 克朗的社会效益。建设 1km 的自行车车道可在 20 年内实现净现值[①]42 万克朗的社会效益。而在自行车带来的各种社会效益中，其对市民健康、空气污染与温室气体减排等的贡献显著。当然，也不能忽略自行车交通存在的不足，自行车交通存在的不足主要有以下几方面：

(1) 自行车出行的安全性差。自行车作为交通工具，在运行中干扰因素比较多，容易发生交通事故，特别是在碰撞情况下，骑行者极容易受伤。

(2) 自行车出行受人体属性限制。自行车可以作为交通工具，但不宜作为长距离的交通工具，特别是超过 15km 的长距离出行，人体会较难适应。

(3) 自行车出行受天气影响大。自行车作为交通工具，在出行时受风、雨、雪等天气影响较大，特别是在灾害天气环境下，很难完成出行任务。

(4) 自行车出行受地势影响较大。自行车作为交通工具，适宜于平坦地区，在坡度大于 30°的道路上，骑行比较困难，人力很难完成。

(5) 自行车出行舒适性不好。自行车作为交通工具，骑行时间过长时人的身体会感到不舒服。无论是高温(25℃以上)环境还是低温(10℃以下)环境，都不宜长时间骑行。

1.3 公共自行车的发展历程

自行车作为一种低碳、高效、健康的出行方式，近年来受到了全世界的关注。虽然欧洲早在 20 世纪 60 年代就实施了第一代公共自行车系统，但自行车在世界范围内的大规模发展是近十年的事情，且与中国的公共自行车快速发展密不可分。公共自行车交通发展历经近 60 年，但总体可以划分为以下四代。

第一代公共自行车：萌芽阶段。公共自行车系统出现于 1965 年 7 月，荷兰阿姆斯特丹的一个无政府主义组织把一批自行车粉刷成白色，以供公众免费使用，

① 净现值指资金(现金)流入(收入)现值与未来资金(现金)流出(支出)现值的差额，是项目评估中净现值法的基本指标。

称为白色自行车计划。虽然这个计划没有成功实行，但是有了公共自行车的萌芽。

第二代公共自行车：发展阶段。公共自行车于1991年在伊朗法尔斯、丹麦纳克斯考等地实行，经营规模较小。特别是1995年，公共自行车开始在哥本哈根实行。哥本哈根Bycyklen系统的自行车是定制的非标准原件的重型自行车，采用实心橡胶轮胎，车轮上附有广告板，以减少失窃事件。相比于第一代公共自行车，第二代公共自行车更加正式化，设有特定存取站点，通过存放硬币存取车，但由于使用者是匿名的，所以自行车被盗现象依然存在。第二代公共自行车大大推进了公共自行车的社会化和普及化。

第三代公共自行车：提升阶段。20世纪90年代末期，由于现代先进的电子、信息集成、无线通信和互联网技术的出现，公共自行车系统的管理方式发生了根本性变化，新一代公共自行车系统在欧洲很多国家相继出现[6]。特别是2007年，法国巴黎建立了公共自行车系统Vélib。Vélib的迅速扩大和成功一改公共自行车的历史，并引起了人们对这种新的交通模式的极大兴趣和关注。此外，荷兰、丹麦、英国、美国、法国等都在公共自行车系统上投入了大量的人力、物力，取得了相当好的成效。第三代公共自行车能够成功推广，主要是因为其具有完善的客户追踪功能。

第四代公共自行车：智能阶段。2015年至今，随着科技发展，许多科技成果在自行车交通中得到广泛应用，典型例子如共享单车。共享单车是指企业在校园、地铁站点、公交站点、居住区、商业区、公共服务区等提供自行车共享服务，它是一种分时租赁模式，也是一种新型绿色环保的共享经济模式。共享单车实质上是一种新型的交通工具租赁业务，即自行车租赁业务，其主要依靠载体为自行车(单车)。目前，共享单车系统在世界范围内的拓展，特别是在中国各城市的快速发展，达到了智能化和智慧化。四代公共自行车系统的比较如表1.2所示。

表1.2 四代公共自行车系统的比较

名称	第一代公共自行车	第二代公共自行车	第三代公共自行车	第四代公共自行车
时间	1965年7月	1991～1995年	1996～2014年	2015年至今
类别	自行车系统	硬币存取系统	智能卡系统	智能控制系统
组成	自行车	自行车、存取站点	自行车、存取站点、电子系统	自行车、智能控制系统
特点	公式自行车	公式自行车	公共自行车	智能系统
	车未上锁	车身上锁、硬币存取	车身上锁、智能卡存取	扫码
	免费	免费	特定站点、实时可用	按照使用次数和时间计费
	无固定站点	特定站点	GPS追踪	GPS追踪
典范城市	阿姆斯特丹	哥本哈根	巴黎	哥本哈根、杭州

1.4 公共自行车的系统架构

公共自行车系统一般是由硬件系统和软件系统组成的复杂系统。公共自行车系统主要实现三大功能：租赁流程、调度维修、系统运营等。公共自行车系统框架如图 1.6 所示。

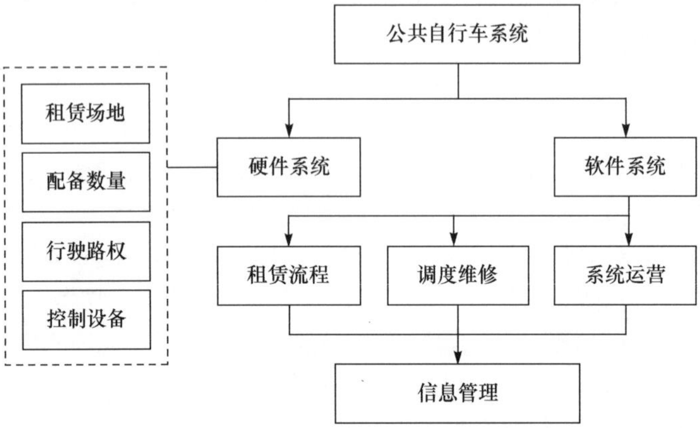

图 1.6 公共自行车系统框架

(1) 公共自行车系统的硬件系统。如图 1.6 所示，公共自行车系统的硬件系统主要包括公共自行车的租赁场地、配备数量、行驶路权和控制设备等。

(2) 公共自行车系统的软件系统。如图 1.6 所示，公共自行车系统的软件系统主要实现公共自行车的信息管理功能，如租赁流程、调度维修、系统运营等。

1.5 自行车高速公路的相关术语

欧洲各国修建和运营自行车高速公路，其目的是使自行车行驶更快、更安全，让市民骑行上班更加方便。为了保护自然环境，欧洲各国也在逐步改善以自行车为出行方式的骑行环境，鼓励不热衷于骑行的人们开始尝试新的交通方式，使人们保持健康，并减少交通拥堵，降低碳排放量。

(1) “定义”——自行车高速公路的界定。自行车高速公路是指路面平坦宽阔、专门用于骑行的城市内或城市之间交通线路。一方面，这些专用通道两边不是全封闭的，但全程没有交叉口，不设红绿灯；另一方面，路上禁止行人行走及汽车行驶，这使得骑行者能以较快的速度行驶。

(2) “路”——自行车高速公路的道路。封闭式自行车高速公路与目前常见的自行车专用道的不同在于道路。自行车高速公路的道路是专门用于骑行的交通线路，一般为双向车道，中间设有隔离带。这样就保证了自行车可以无阻碍地快速通行。

(3) “车”——自行车高速公路的车辆。自行车高速公路并不欢迎传统自行车，即普速自行车，因为传统自行车难以将高速公路的优势充分利用并发挥到极致。自行车高速公路上行驶的自行车在外形设计和材质使用上具有优势。

自行车的外形设计：设计者采用整体式车架，并利用轻质的流线型设计，骑行时的空气阻力可减小50%左右，达到省力的目的。

自行车的材质使用：自行车在材质上也不断改进，如改用蜂窝结构的碳纤维车身，可使车身强度提高5倍，而质量只有原来的25%，轮胎内填充弹性良好的发泡材料也为高速行驶提供了保证，达到安全行驶的目的。

(4) “环境”——自行车高速公路的系统。自行车高速公路禁止行人行走及机动车行驶，使骑行者能更加快速、安全地骑行通勤等，减少二氧化碳的排放，改善环境并缓解交通拥堵。

1.6 小 结

自行车高速公路能使骑行者拥有更快捷、更安全、更舒畅、更环保、更健康的骑行体验，并通过改善以自行车为出行方式的人们的骑行环境，来鼓励更多的人尝试骑行，达到开心出行、享受生活的目的。我国学者提出“科学确定城市步行和自行车交通发展目标与实施策略”，把“发展步行和自行车交通，重点是解决中短距离出行和与公共交通的接驳换乘”作为发展目标，为我国将来大力发展自行车高速公路提供理论支撑。

第 2 章　自行车高速公路的发展历程

基于“低碳交通、绿色出行、休闲娱乐、强身健体”的理念，欧洲人修建和运营着自行车高速公路。自行车高速公路上行驶的自行车与普通自行车完全不同，是在全封闭的高速公路上以 30km/h 的平均速度前行。目前，欧洲许多国家在一些大城市的主要公路上修建了全封闭的自行车高速公路，如图 2.1 所示，自行车出行成了人们首选的交通方式。

图 2.1　欧洲许多国家的自行车高速公路示意图

自行车出行不仅节能环保，而且能够强身健体、享受生活。1897 年，美国人霍拉斯 · 多宾斯提出了修建自行车高速公路的理念，如图 2.2 所示，运营时每个骑行者要支付 10 美分[7]。虽然出于各种原因没有运营成功，但是美国成为第一个提出修建自行车高速公路设想的国家。

图 2.2　美国自行车高速公路设想示意图

目前，欧洲的一些发达国家(如德国、荷兰、丹麦、英国等)纷纷兴建专门向骑行者开放的自行车高速公路。欧洲部分国家实现了由“四轮”向“两轮”的回归，并在速度上由“低速”向“高速”发展，在空间上由“短距离”向“长距离”推进。因此，欧洲各国对自行车高速公路的大力推广，引领着一个新的潮流。

2.1　德国的自行车高速公路

德国已成为欧洲最大的自行车消费国。根据德国联邦交通部公布的数据，德国约 80%的家庭拥有至少一辆自行车，30%的家庭拥有三辆甚至更多自行车，德国拥有各类自行车总计 7800 多万辆。德国自行车高速公路全程达 100km，是世界上最先进的自行车高速公路，顺风时最高速度可达 40km/h。这条自行车高速公路的基础是废弃的铁路，如图 2.3 所示，因此避免了重新征地和开辟线路的工作，也能够尽可能地避开普通道路，为周边 200 多万人提供便捷、快速的交通。

图 2.3　德国自行车高速公路简化图

德国自行车高速公路的特征主要有：首先，自行车高速公路只允许自行车通行，骑行者可以在上面无障碍地高速行进；其次，自行车高速公路是封闭的，限速 40km/h，上面没有交叉口，也没有红绿灯，还设置了许多夜光照明和夜光标识，晚上骑行也能一路畅通；最后，自行车高速公路是双向车道，双向车道中间还有隔离带，避免来往的自行车发生交通事故。德国的自行车高速公路 RS1 (Radschnellweg 1)路线示意图如图 2.4 所示。RS1 大部分是沿着鲁尔工业区废弃铁路展开的，连接 10 个德国西部城市与 4 所大学，自行车高速公路为双向专用车道，宽度为 4m，中间设有分隔区，主要为平面形式，少部分也用了高架形式[8,9]。

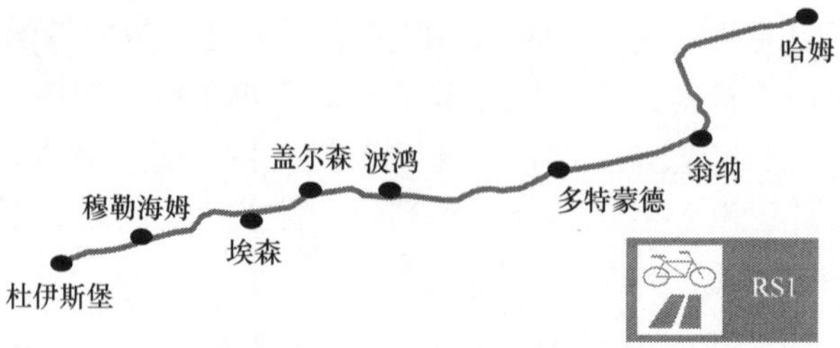

图 2.4　德国 RS1 路线示意图

从国家层面，自行车与机动车地位平等已经成为德国交通的发展策略；从社会层面，德国人自行车交通出行已经成为一种习惯。目前，在德国 3.8 万 km 的国家高速公路中，已经有近 50%的道路修建了自行车专用道，而且其中有自行车高速公路，德国计划未来修建更多的自行车高速公路。

2.1.1　德国自行车的发展历程

20 世纪 80 年代中后期，德国将步行、自行车和公共交通等交通方式的相互结合、综合发展作为长远的发展目标，旨在建立一个有利于环境可持续发展的城市综合交通系统。其中，自行车与公共交通结合运行成为主要发展目标。从 20 世纪 90 年代后期，在政府的鼓励下德国人开始青睐自行车，德国自行车发展理念发生了改变。一方面，把“自行车车道和汽车车道并排设计在一起”的理念改变成“自行车车道移到人行道旁边”的新理念；另一方面，从修建属于自行车的专用道(图 2.5)，改变为修建自行车高速公路。

图 2.5　德国自行车专用道

为了进一步提高公共交通的吸引力，特别是自行车交通的发展，德国政府采取了许多措施[10,11]：

(1) 从经营者角度，德国铁路推出自行车搭乘轨道列车项目，将自行车与城市轨道交通系统相联系，允许人们携带自行车搭乘城市公共短途轨道列车；

(2) 从管理者角度，德国政府提出了一项全国性的自行车交通规划，在此规划框架下政府可提供额外资金支持并协助自行车交通的促进项目，其宗旨是环境和健康，鼓励市民骑行；

(3) 从使用者角度，在城市和农村地区发展适宜骑行的道路，骑行是德国居民上学、上班、购物和旅游等的首选，实现强身健体、绿色出行的目的。

2.1.2 德国自行车的特征属性

德国的自行车车道比汽车车道稍高，比人行道略低，约有 1m 宽。路面的颜色也与两边的路有明显不同，呈现出鲜艳的色彩，有的赭红，有的青绿，还有的墨黑。如果有的道路先天狭窄，自行车车道无法上移，管理部门还是会把它放在汽车车道旁，但必须用色彩进行区分。德国的任何一个城市，自行车车道就像一条条彩带镶嵌在道路两边，成为城市一道道靓丽的风景线。

(1) “点”——自行车服务站、停车场及分布。为促进自行车发展，德国大力建设自行车车道，并且提供充足的自行车停车位，其中包括很多安全、有遮蔽和附属设施的高质量停车场，它们分布于城市各处，与公交站点整合，为公交转乘提供方便。

(2) “线”——自行车线路设计与规划。德国高速公路上的自行车专用道，为全新的专供自行车行驶的全封闭高速公路，道路宽约 4m。自行车高速公路为双向专用车道，中间设立分隔区，避免交通事故，并且拥有超车道；自行车专用道限速 40km/h，路面少有斜坡，并且沿途不设交叉口和红绿灯，禁止机动车通行。为了道路行驶安全，设置夜光照明标识，并且冬季有专人负责清理积雪，保证自行车高速公路的安全性。

(3) “面”——自行车线路网络。20 世纪 90 年代中期，德国就开始计划建设自行车高速公路。自行车高速公路的建设得到了政府和人民的支持，德国通过对现有自行车专用道进行改进形成自行车的高速网络，如图 2.6 所示。

2.1.3 德国自行车高速公路的现状分析

德国自行车高速公路为双向专用车道，宽 4m。自行车高速公路与机动车高速公路一样，中间也有分隔区，以避免交通事故。这种封闭式高速公路可以降低天气对骑行者的影响，雨、雪等天气下仍可自由骑行；自行车高速公路内没有交叉口和红绿灯，自行车的最高速度可达 40km/h；夜间自行车高速公路内会有夜光照明标识，未来还可能有气流动力助推。自行车高速公路甚至可替代汽车高速公路连接城市。

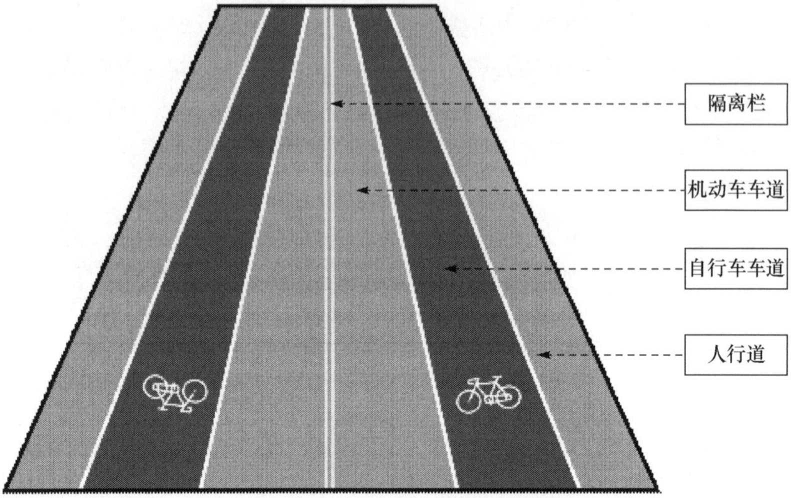

图 2.6 德国自行车高速公路线路网络

2.2 荷兰的自行车高速公路

自行车文化在荷兰得到了大力发展，骑行不仅代表着一种运动，更代表着荷兰人独特的生活习惯与态度，因此荷兰也称为“自行车王国”。四通八达的自行车车道不仅在荷兰各个城市内部布设，还在城市与城市之间蔓延。荷兰交通部门每年都要投入数千万欧元，用以建造自行车高速公路，并且荷兰自行车专用道(图 2.7)与自行车高速公路连成了自行车交通网络。在荷兰的自行车高速公路上事故发生率极低，被誉为“骑行者的天堂”。

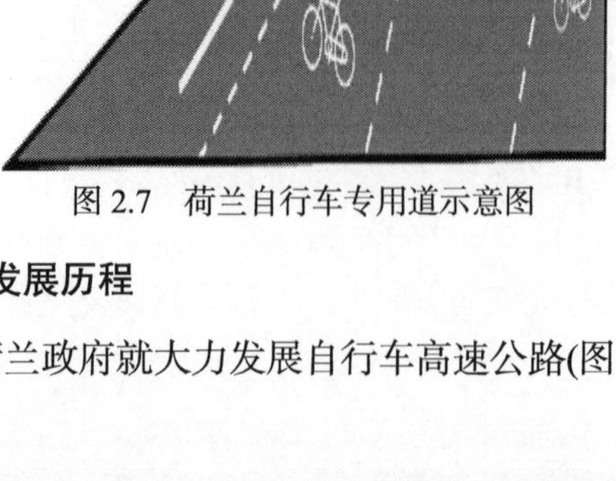

图 2.7 荷兰自行车专用道示意图

2.2.1 荷兰自行车的发展历程

从 2010 年起，荷兰政府就大力发展自行车高速公路(图 2.8)；从 2012 年起，荷兰的阿姆斯特丹至乌得勒支、布雷达至埃滕勒尔、海牙至莱顿、阿纳姆至奈梅亨等城市之间都建设了自行车高速公路；从 2015 年起，随着电动自行车的推广和流行，更多人选择骑行方式出行[12,13]；2018 年以来，荷兰自行车出行占所有出行方式的 50%左右，人均自行车出行距离为 5km 以上。

图 2.8　荷兰自行车高速公路示意图

荷兰是世界上最早建成自行车高速公路的国家，于 2004 年建成了一条 7km 的示范段自行车高速公路，全段使用沥青铺装，宽度达到 3.5m。现在荷兰建设了自行车高速公路网络，主要为平面形式，在跨河和一些路口处使用了高架形式。

在荷兰自行车快速路和高速路网络中，红色为已建成的，蓝色为正在建设的，绿色为有希望建设的。由于荷兰的自行车高速公路质量很高且管理得当，加上民众环保意识较强，全国上班族中约有 50%的人已决定放弃驾车而改以骑行方式通勤。目前，荷兰已是世界上自行车交通系统最完善的国家，拥有世界上最密集的自行车交通网络，全长 22000km，是机动车高速公路的 10 倍。

2.2.2　荷兰自行车的特征属性

荷兰人从幼儿园开始，自行车的安全行为和骑行礼貌(如转弯应先伸手示意转向)就被列为教育内容。荷兰人 30%以上的旅行，都是靠骑自行车完成的；而且，除了作为交通工具，自行车还广泛用于锻炼、休闲和娱乐。荷兰人人均拥有 2 辆自行车，一辆为日常通勤所用，另一辆为假日休闲所用，甚至还有多功能亲子自行车，大人骑行的同时，还能把孩子放在自行车上，一起骑一辆自行车出行。

1. 荷兰自行车的世界之最

1890 年，荷兰修建了世界上第一条自行车专用道。1937 年，荷兰在鹿特丹修建了穿越马斯河底的世界上第一条自行车隧道，隧道两端各设 5 部自动升降梯，专供自行车出入。1980 年，荷兰平均每 1.6 人就有 1 辆自行车，自行车专用道长

3 万 km，居世界第一位[14,15]。

(1) 高密度的自行车交通网络。全长 22000km，是荷兰机动车高速公路长度的 10 倍。

(2) 高品质的自行车专用道。荷兰各主要道路两边设有高品质的自行车专用道。在荷兰城市中自行车较机动车拥有绝对的道路使用优先权。

(3) 高效率的自行车网络。荷兰专为自行车设置的桥梁、隧道、停车设施、停车棚也为骑行者提供了便利，如图 2.9 所示。荷兰骑行占据了人们出行方式的 30%～50%，因此荷兰自行车的使用率也就自然高于其他发达国家。

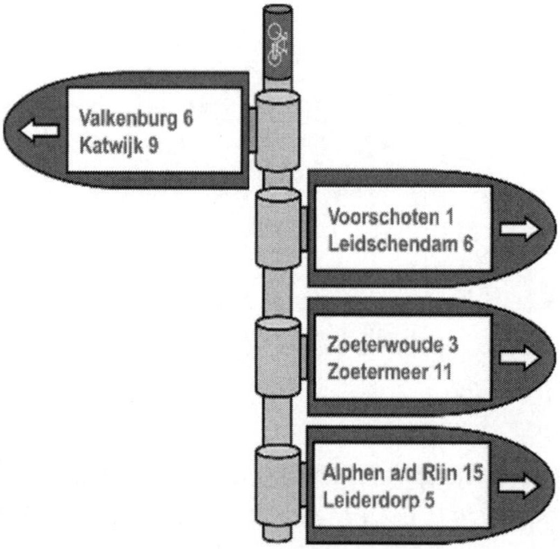

图 2.9　荷兰的自行车设施图

(4) 高标准的自行车建设。荷兰交通部制定了荷兰自行车专用道修建的统一标准：路面要至少宽 1.75m，建议宽度为 2.5m；双向自行车车道的宽度为至少 2.75m，建议宽度为 3.5m。

(5) 特殊的自行车专用道。荷兰的自行车专用道被漆成红色，和白色的自行车路标一起，非常有助于人们的视觉辨认。荷兰每一条街道都有红色通道，即自行车专用道。自行车专用道专门提供给骑行者，机动车和行人不允许进入。

(6) 特殊的自行车标识。荷兰自行车路标是荷兰人自行车交通管理中的主要措施，也是使用效率最高的交通设施。交通路口都设有自行车的交通专用指示标识，这些交通专用指示标识与机动车交通指示标识的作用一致。

(7) 特殊的自行车隔离设施。荷兰设计了自行车道路隔离和自行车停车场所，并且每种隔离都有荷兰地方特色。

2. 国家自行车交通总规划

1992 年，荷兰政府启动了《国家自行车交通总规划》，这项规划致力于使各地自行车交通量占其总交通量的比例不小于 25%。《国家自行车交通总规划》也是世界上第一部国家层面的自行车交通规划文本。目前，荷兰全国平均自行车交通量已占总交通量的 50%以上[16,17]。《国家自行车交通总规划》的设计和执行分以下五步进行：

(1) 荷兰将短距离的汽车交通，以自行车交通方式取代；

(2) 增加自行车与公共交通枢纽站点的连接，方便自行车出行；

(3) 降低骑行者的交通事故率，保证自行车交通的安全性；

(4) 降低偷车犯罪率，保障自行车拥有者的权益；

(5) 永久性将自行车交通法规列入所有交通法规中，成为国家法规。

自行车地位优于机动车地位，已经成为荷兰交通的发展策略。为了提升民众对骑行运动的喜爱与坚持，荷兰不断推出新的创意吸引民众加入到骑行的行列中。为了提供更安全的自行车车道，荷兰加强了防盗措施，还专门制订了自行车专家计划，例如，公司职员购买新自行车，可三年报销一次，平时在缴税时也有一定减免。

3. 荷兰自行车的多元化

在荷兰的自行车租赁点，可以轻易找到适合自己的自行车。一方面，自行车种类多样，有高的、矮的，有单人的、双人的，还有三人(图 2.10)、四人家庭型的；另一方面，自行车有躺着骑的，有飞轮在前的，有可以折叠起来的。特别地，有满足崎岖路面的山地自行车，有实用便捷的三轮自行车，有可带着婴儿车行走的自行车拖车，甚至有水上脚踏车，可以满足人们对自行车的各种需求。

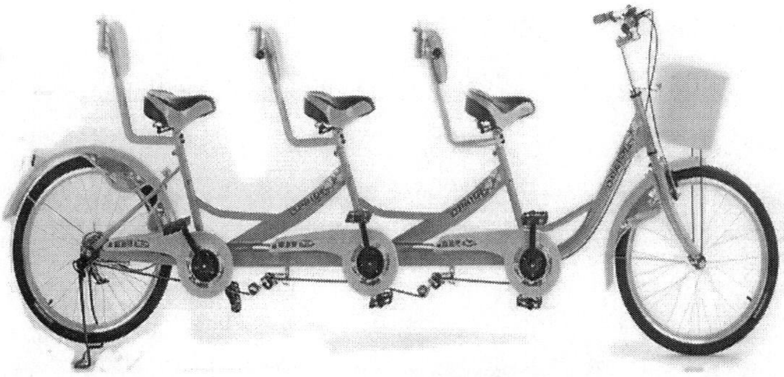

图 2.10　荷兰多元化的自行车示例

4. 荷兰的自行车线路

荷兰为其自行车车道设置了清楚的标识牌、平缓的铺面、专属的标识，并通过交通法规将自行车列入优先考虑行列。

(1) 自行车专用道的颜色。在荷兰，自行车专用道铺设特殊的红色路面，上面设有与机动车车道分开的标识牌和红绿灯，看上去十分醒目，这样便于骑行者注意到。

(2) 自行车专用道的宽度。在荷兰，自行车专用道路面宽度足够供两人并肩骑行和超车，使骑行变得更加安全与舒适。在有些空间有限的地方骑行者会与机动车共享道路，在这种状况下你会看到明确标识牌，并配有文字。

(3) 自行车专用道的交叉口。在荷兰，在道路的交叉口，骑行者享有优先通行权，汽车必须等待自行车优先通过。荷兰自行车专用标识牌如图 2.11 所示。

图 2.11　荷兰自行车专用标识牌

2.2.3　荷兰自行车高速公路的现状分析

荷兰是最早建设自行车高速公路的国家，其自行车高速公路世界领先。目前，荷兰有阿姆斯特丹至乌得勒支、布雷达至埃滕勒尔等 5 条自行车高速公路。荷兰计划建设中的自行车高速公路包括海牙至莱顿、阿纳姆至奈梅亨的线路。荷兰鼓励地方政府在自己的辖区内修建自行车高速公路，并且推出了一系列配套措施推进自行车高速公路的建设。

(1) 荷兰自行车高速公路的特色标识牌。荷兰自行车高速公路都有自己特色的标识牌，大致有三类：节点式参观线路道路标识牌、城市之间通勤用的标识牌、长距离游览自行车标识牌。荷兰自行车高速公路的特色标识牌具体如图 2.12 所示。

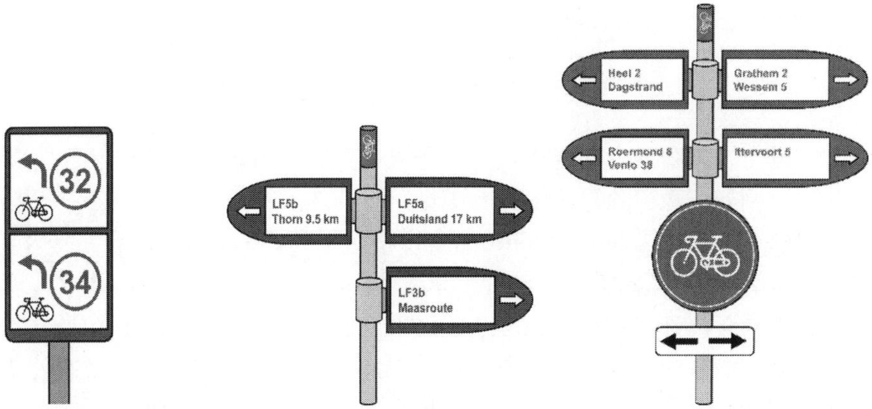

(a) 节点式参观线路道路标识牌　(b) 城市之间通勤用的标识牌　(c) 长距离游览自行车标识牌

图 2.12　荷兰自行车高速公路的特色标识牌

在荷兰，城市之间通勤用的自行车标识牌(landelijke fietsroutes，LF)，荷兰文就是 landelijke fietsroutes 或者 lange-afstandsfietsroutes，白底绿字，上面有线路编号和开始、结尾的地名。需要注意的是，一般标识牌会写 LF(号码)，下面还有小字指出两端的地名，特别是 LF(号码)后边会跟着字母 a 或许 b，表示两个方向。

(2) 荷兰自行车高速公路的特色线路(图 2.13)。荷兰有 30 多条自行车线路，形成了完整的荷兰自行车交通网络，从短的自行车线路(30km)，到长的 LF5 自行车线路(几百公里)。其中，最长的环荷兰线有 1300 多公里。在荷兰，大多数自行车线路都是自行车专线或者自行车高速公路。经过村镇时，会有几条自行车的分线路，方便大家骑行。

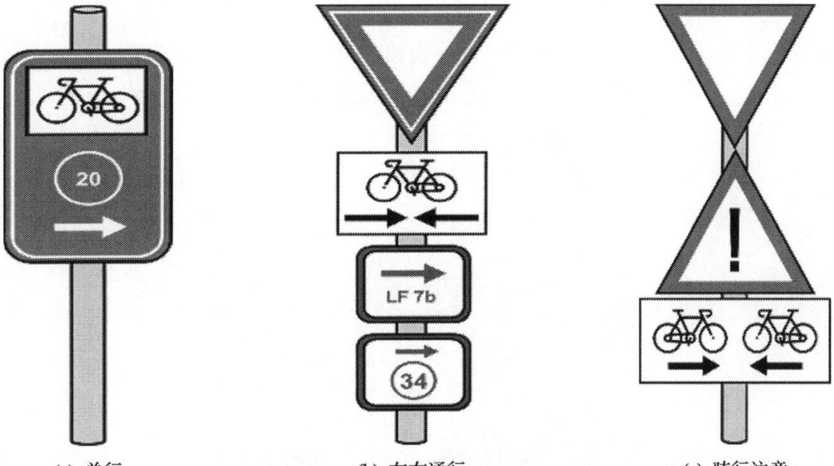

(a) 单行　(b) 左右通行　(c) 骑行注意

图 2.13　荷兰自行车高速公路的特色线路标识牌

2.3 丹麦的自行车高速公路

在丹麦，男女老少都喜欢骑行，丹麦人以骑行为荣，而且骑行时必须遵守交通法规，例如，晚上骑行一定要有车灯，不能在人行道上骑行，自行车不能载人等。目前，丹麦全国有 12000km 的自行车专用道，其中有 11 条总长达 4233km 的“国家路线”，构成了丹麦自行车车道的主干道。

在丹麦首都哥本哈根，还有一条已投入使用的空中自行车车道(图 2.14)，它被称为欧洲最棒的自行车车道之一。丹麦计划共建设 26 条自行车高速公路，总长度超过 500km，现在已建成开通了 4 条自行车高速公路，主要为平面形式。

图 2.14 丹麦空中自行车车道示意图

2.3.1 丹麦自行车的发展历程

自 20 世纪 70 年代末至今，丹麦政府推行了一系列促进自行车交通复兴的政策和项目。先后建成了长约 35km 的自行车高速公路，使骑行者组成的“车群”实现一路绿灯、畅通无阻。为了鼓励人们骑行，丹麦政府不但开设了自行车专用道，还允许乘客携带自行车上地铁和轻轨的专用车厢，如图 2.15 所示。为方便骑行者乘车，自 2010 年起，丹麦国家铁路局为火车增加了一个专门用于放置自行车、

图 2.15 地铁和轻轨的自行车专用车厢示意图

婴儿床和轮椅的车厢，每列火车可容纳 22～46 辆自行车，并设卡位来固定自行车，为骑行者提供了很大的方便[18]，如图 2.16 所示。

图 2.16　丹麦火车和地铁上的自行车停放处

丹麦建设自行车高速公路的初衷是鼓励居民使用自行车出行，这是由于 5km 以下的出行中有 60%的人使用自行车，而 5km 以上的出行中有 50%的人使用自行车。其目标群体为通勤距离在 5～15km 的通勤者，达到 60%的人使用自行车出行的目的。大部分自行车高速公路并没有使用鲜艳颜色进行区分，而是使用简单的白线或者高出机动车路面进行区分，如图 2.17 所示。

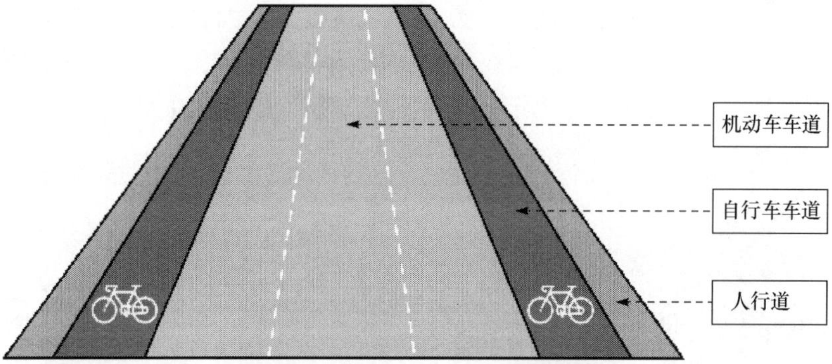

图 2.17　丹麦自行车专用道简易图

自行车在丹麦是一种时尚的交通工具，骑自行车出行成为个人活力的一种象征。在丹麦各地，家长大多是骑自行车送孩子上下学，脚蹬高跟鞋的女士和西装革履的男士也骑自行车上下班。特别是在丹麦家庭中，3 岁以上的儿童就开始了骑自行车的训练。

(1) “点”——自行车服务站、停车点。丹麦城市内的地铁站附近、商场边，甚至政府机构门前都设有自行车停车位，在这里可不限时免费停放。在自行车高速公路连接公共交通的附近、车站和其他位置建立了自行车停放设施。穿梭大街小巷，随处可见设计精巧、构思新奇、美观实用的自行车车架。丹麦自行车交叉口信号灯如图 2.18 所示。

图 2.18　丹麦自行车交叉口信号灯

(2) “线”——自行车线路设计。丹麦自行车线路设计有一定的国家标准。丹麦道路建设法规的最新规定要求：城市的主要道路上必须开辟自行车专用道。在丹麦，自行车车道有两种：一种是独立设置的，路面铺有蓝色塑胶，没有机动车和红绿灯的干扰，如图 2.19 所示；另一种是与机动车车道伴行的，但机动车车道、自行车车道和人行道从高度上依次分开，保证了相对独立，互不干扰。在丹麦，交通法规也使机动车司机不得不尊重骑行者，按规定，当一个路口只有斑马线而没有红绿灯时，机动车必须让骑行者先行，转弯时也是如此。

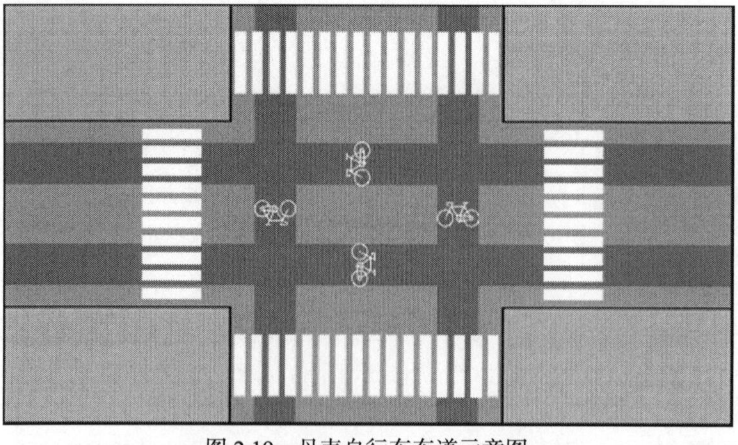

图 2.19　丹麦自行车车道示意图

(3) “面”——自行车路网设计。在丹麦交通规划中，自行车和机动车处于平等的地位。丹麦政府从总体上对道路进行规划和创建，包括自行车交通和机动车交通。无论是自行车还是机动车，丹麦都建立了一个连贯、完整的交通走廊网络。虽然骑行对个人和社会都有巨大的好处，但如果想要自行车成为一种具有竞争力的交通工具，则需要高度优良的骑行条件。自行车高速公路网的搭建就是把通勤者的需求放在首位，试图创建最直接、舒适、安全的路线。

2.3.2 丹麦自行车的特征属性

从国家层面，自行车与机动车地位平等已经成为丹麦国家交通的发展策略。为了满足骑行者的需要，鼓励更多的人绿色出行，丹麦建造了世界上最发达的自行车路网：超过 12000km 的自行车专用道，并且自行车专用道设有明确的路标，与其他路网系统相互协调，互不干扰，在高安全性的前提下，确保自行车车道的畅通无阻；其中 11 条总长达 4233km 的“国家路线”贯穿全国，构成了丹麦自行车车道的主干道，如图 2.20 所示。

图 2.20　丹麦自行车专用道规划路线(浅色线)图

丹麦自行车交通政策主要有：增设自行车车道，开通自行车绿色路线。丹麦自行车车辆设计也是多元化的。在哥本哈根的街头，自行车类型有很多，典型的有亲子自行车、师徒自行车和三轮的士自行车[19]。

(1) 亲子自行车。亲子自行车专门为年轻父母设计，父母可以同时带着两三个孩子安全出游。这样不但保障了一家人的出行安全，而且达到了便捷、高效出行的目的。

(2) 师徒自行车。师徒自行车是为了保障初学者安全，将前车闸连接在“师父”的后车架上，形成两车合一的自行车。这样不但保证了骑行者的安全，而且达到了高效学习的效果。

(3) 三轮的士自行车。三轮的士自行车是为暑期大学生提供的一种社会实践工具，政府专门设计了外形与轿车类似的自行车。这样不但能驮物出行、锻炼学生，而且节能环保。

2.3.3　丹麦自行车高速公路的现状分析

2012 年 4 月 17 日，丹麦的第一条自行车高速公路(从首都哥本哈根市到阿尔贝特斯隆自治市)问世，全长 22km，如图 2.21 所示。自行车高速公路全程配备先进的电子交通信号系统，以尽量避免上下班高峰时段可能出现的拥堵。这条自行车高速公路采用特殊的电子交通信号系统，最大限度地缩短路口处通行时间。

在自行车高速公路系统中，丹麦的自行车高速公路全程配备先进的电子交通信号系统，沿途每隔 1mile(1.609344km)就设有一个服务站，集中设立了自行车充气处、修理处和停靠休息室，为骑行者提供方便。例如，在自行车车道旁，每隔一段距离都会设置空气泵和脚蹬，还有特别设计的垃圾桶，不用停车就可以轻松将空水瓶投入。特别是在自行车高速公路上，完全不用给机动车让路。丹麦自行车路标如图 2.22 所示。

图 2.21　丹麦的第一条自行车高速公路示意图

图 2.22　丹麦自行车路标

2.4　英国的自行车高速公路

在英国，家用汽车上方或后面放置几辆自行车已非常普遍，人们携带自行车坐地铁、上火车也很自然，甚至航空公司都出台了专门规定，方便自行车空中托运。许多地方已经有了自行车专用道，虽然宽度只有 1ft(1ft=0.3048m)宽，但如果侵占该自行车车道会受到处罚(700 英镑左右)。伦敦自行车高速公路规划路线(浅色线)如图 2.23 所示。

图 2.23　伦敦自行车高速公路规划路线示意图

2.4.1　英国自行车的发展历程

20 世纪 80 年代，出于节约能源、保护环境等目的，英国对城市公共交通和私人交通进行了重新定位，发展出自行车交通的一种回归模式，即交通工具由“四轮”向“两轮”的转换模式。特别是 2008 年，伦敦市市长根据自行车通勤的路线，发起了自行车高速公路项目，建造了一套约 3000km 的放射式自行车路网，规划建设 12 条自行车高速公路。伦敦的目标是“让所有的伦敦市民走起来、骑起来”。预计到 2030 年，每个伦敦市民每天至少有 20min 的健康出行。

近年来，英国越来越多的人选择骑自行车出行，英国政府一直大力提倡骑行出行。自行车高速公路采用容易识别的亮蓝色，每条道路至少宽 1.5m，除道路本身外，还有一系列配套设施，包括：在路口处设置自行车安全镜，尤其当大型车辆司机准备左转弯时，有更好的视野看到骑行者；沿着两条道路，在路口处各引进新的高级停车线，停车线进深至少为 5m，为骑行者在等候红灯时提供空间；重新调整交通，在繁忙的高速公路上为骑行者创造更多的骑行空间[20]。此外，还制作了新的标识、路标以及关于行程时间和连接其他道路的相关信息，如图 2.24 所示。

图 2.24　英国自行车专用道示意图

2.4.2　英国自行车的特征属性

英国规划的自行车高速公路“SkyCycle”(空中自行车车道，或云端自行车车道)是由英国建筑大师诺曼 · 福斯特爵士提出来的。按照诺曼 · 福斯特爵士的设计，自行车高速公路按市郊铁路线走向分布，建在大约 3 层楼高的市郊铁路上方，所以看上去像在空中骑自行车一样，并且其设计要求交通高峰期间，每小时大约有 1.2 万辆自行车通过，速度可达 24km/h 左右。同时，英国的设计师还提出一个构想，即未来可以骑行穿过英吉利海峡到达巴黎。

(1) “SkyCycle”。“SkyCycle”是一个建在铁路上方的高架自行车路网，总长 221km，设置 209 个出入口，宽度为 15m，计划在交通高峰期间可以服务 40 万左右的骑行者，如图 2.25 所示。

图 2.25　英国云端自行车车道示意图

(2) “Quietway”。英国使用一种称为“Quietway”的自行车车道，暂译为静道。“Quietway”建在交通流较小的街道上，用来补充英国自行车高速公路网络，主要给骑行者提供安全的骑行体验，如图 2.26 所示。

图 2.26　英国静道示意图

(3) “Superhighways”。高空自行车(Superhighways)高速公路是一个符合逻辑的设想，如图 2.27 所示。其旨在让骑行成为更愉悦的体验，让道路更加安全。按照这个方案，蓝色的螺旋结构和红色条带盘旋于一座高处的平台上，也就是将自行车车道悬垂于空中形成网络。

自行车地位略次于机动车地位已经成为英国交通的发展策略。英国伦敦已建成和正在建设的共有 12 条自行车高速公路，其中包括独立自行车车道，并配备自行车电子交通信号系统。四条全新的自行车高速公路横贯伦敦市，穿越城市的中心地带，这也是该城市道路现代化规划的一部分。这个计划还包括更新人行道和摩托车车道的设施，如升级街道路灯和隧道设施。

图 2.27　英国自行车高速公路“Superhighways”示意图

2.4.3　英国自行车高速公路的现状分析

英国伦敦第一条自行车高速公路(cycle superhighways，CS)于 2010 年建成，现有 7 条自行车高速公路，计划共建设 12 条，分别是南北自行车高速公路(CS1～CS6)和东西自行车高速公路(CS7～CS12)，呈网络状覆盖伦敦区域，如图 2.28 所示。其主要添加了自行车专用道；重新设计了交叉口，提高了自行车的优先度；采用公交港湾，避免了公交车与自行车冲突；改变了公交站，为骑行者增加了新的支路；部分道路禁止机动车转向，为骑行提供更好的环境等；主要为平面形式。

英国投入建设自行车高速公路网络，方便人们选择自行车作为交通工具，在郊区与市区之间往返。特别是伦敦新提出的“SkyCycle”系统，让单车族的“白日梦”有了蓝图；“SkyCycle”系统架高了自行车车道，预计在现有的铁路上方建造出全新概念的自行车系统，安全、高效，让人耳目一新。

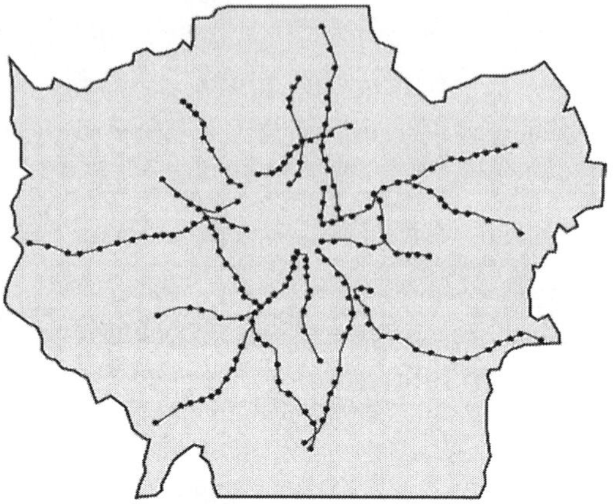

图 2.28　英国伦敦自行车高速公路区域图

2.5　欧洲的自行车高速公路

欧洲人十分喜爱骑行，不仅外出游玩时骑行，而且通勤时也会首选骑行。欧洲大部分国家对自行车出行都十分重视，纷纷大力推广自行车出行的绿色交通方式。例如，英国政府不仅制定了与自行车出行相关的交通政策，而且不停地修建、完善自行车专用道及其相关基础设施，并不断地规划自行车路线，形成完善的自行车路网。

2.5.1　欧洲各国自行车对比分析

丹麦、荷兰、德国、英国等欧洲发达国家在自行车出行的推广过程中做出了很大的努力。各国政府为市民的自行车出行提供了大量的服务站以及停车点，并对自行车车道及其相关基础设施进行了扩建与完善，同时，还对自行车路网进行了规划与设计。欧洲各国的自行车相关属性特征对比如表 2.1 所示。

表 2.1　欧洲各国的自行车相关属性特征对比[21-23]

国家	自行车服务站	自行车停车点	自行车线路规划	自行车路网设计
丹麦	沿途设有自行车充气站、修理站及停靠站；设置倾斜垃圾桶、路边脚蹬；自行车租赁服务	地下停车场；露天停车场；创意停车场；店铺及路边均设有停车点；建筑物旁的停车点	自行车线路规划有一定标准，服务水平应该与轨道的分类一致	12000km 的自行车专用道组成自行车高速公路网
荷兰	大量自行车租赁点(部分兼做自行车修理点)	多层停车场；大型停车船(专供自行车使用)；地下停车场；水上自行车停车场	世界上第一条夜光自行车车道，全长 335km	建立了覆盖全荷兰的自行车道路网，全长约为 22000km，密度及基础建设的质量世界第一

续表

国家	自行车服务站	自行车停车点	自行车线路规划	自行车路网设计
德国	大型自行车车站提供停车、修车及租车服务，并包含很多场所，如咖啡厅等	自行车停车点多位于公共交通衔接处，小区、火车站外均设置停车点	全长约 100km 的自行车高速公路，该线路为 200 多万人提供了便捷、快速的通勤方式	将近 20000km 自行车专用道，通过改进现有的自行车专用道逐渐形成自行车高速公路网络
英国	自行车租赁点；共享单车(约车、租车、换车)；自行车购买优惠政策	在剑桥最主要的为火车站的自行车停车场，可以停放 3000 辆自行车	自行车高速公路是按市郊铁路线走向分布的，建在约 3 层楼高的上空，总里程 221km	英国伦敦现有 7 条自行车高速公路，计划共建设 12 条，呈放射线覆盖伦敦区域

随着越来越多人选择骑行出行，在自行车高速公路系统中对于自行车的管理与机动车等同等重要。因此，各国政府在自行车管理的多个方面均提出了相应的政策与措施，包括对骑行者的要求、自行车硬件的要求及对道路的设计要求等。欧洲各国自行车管理方法如表 2.2 所示。

表 2.2　欧洲各国自行车管理方法[24-26]

国家	人员管理	自行车设计与管理	道路设计与管理
丹麦	骑行过程不能使用手机；只能在自行车车道上骑行；不能一直在左侧骑行；骑行转弯时打手势；儿童必须在成人监督下在自行车车道上骑行；自行车不能载人	自行车晚上出行必须有车灯；自行车车闸必须有效；自行车的设计多元化，有单车、儿童车、校车、会议车、人力三轮车、邮递车、小货车、翻斗车、家庭车等	自行车高速公路设计要求：快速、舒适、安全、引导标识；自行车高速公路宽 4m；蓝色铺装；速度可达 40km/h
荷兰	转弯时必须手势示意，自行车行驶时禁止使用手机等电子产品，但允许免提导航及听音乐，在混合使用路面，自行车有绝对优先权	自行车必须有正常运作的车闸与车铃；车辆必须装有前车灯与反光板；自行车类型：单人车、双人车、三至四人的家庭车、山地自行车、三轮自行车、自行车拖车、水上脚踏车	车道具有明确标识、专属标识、红色铺装；城市车道宽度：单向车道宽度≥2m(大部分宽 2.5m)，双向车道大部分宽为 3m；乡村车道宽度：单向车道宽度≥1.75m，双向车道宽度≥2.75m
德国	骑行需要有自行车驾驶证；儿童骑行时必须佩戴具有保护功能的头盔；8 岁以下的儿童只允许使用人行道骑行，且必须家长陪同；不能酒后骑行；自行车的行李架和车架可载人，但自行车必须有防护措施，儿童必须佩戴护具	配备车铃及 2 个独立作用的车闸；车前方拥有白色远光灯及白色反射灯；每个车轮上配置 2 个反射灯；脚蹬上配置黄色的反射灯；车尾安置大面积的红色反射灯；在后轮离地面不高于 600mm 处安装红色反射灯	自行车高速公路宽为 4m；双向专用车道，中间设立分隔区且设置超车道；最高速度达 40km/h；路面少斜坡，且无红绿灯；夜间设置照明装置；冬季有专人清理积雪
英国	遵守交通法规，必须佩戴头盔；不允许酒后骑行，或是打电话骑行；8 岁以下的儿童只能在人行道上骑行；自行车不能载人；禁止逆行；转弯时必须打手势	自行车需安装车灯和反射灯；脚蹬上安装反射器(作用和尾灯一样)	道路标识明确；自行车通行优先于机动车

欧洲发达国家作为绿色出行方式的领头军，率先发展了自行车高速公路，建设了基础设施，完善了自行车交通与公路之间的有效、安全互通，为将要建设自行车高速公路的其他国家提供了借鉴。

2.5.2 欧盟的自行车高速公路

“世界那么大，我想骑车去看看；不想那么快，只想自由行”。骑自行车横穿欧洲旅行，这个梦想已经成为现实。欧洲有很多自行车公路，在这些公路骑行就是享受“特权”，该公路禁止机动车行驶，骑行者不仅可以安全行驶，而且可以欣赏公路两边的优美风景。欧盟已经规划了自行车高速公路网络蓝图，如图 2.29 所示。

图 2.29 欧盟自行车高速公路规划图

(1) 自行车高速公路规划线路——欧盟 6 号路。可沿欧盟 6 号路(大西洋—黑海)骑自行车从法国到德国，再沿着多瑙河到奥地利，途经斯洛伐克、匈牙利、塞尔维亚、罗马尼亚，最终抵达黑海。

(2) 自行车高速公路规划线路——欧盟 7 号路。骑自行车沿欧盟 7 号路从挪威出发，途经匈牙利、捷克、瑞士，再到意大利，可以横穿欧洲南北。

(3) 自行车高速公路规划线路——欧盟 8 号路。骑自行车沿欧盟 8 号路从雅典出发，途经意大利，再到西班牙马德里。

2.6 中国的自行车高速公路

中国目前仅把自行车作为减少机动车出行的交通措施，随着中国经济和社会的进一步发展，人们对自行车的认可度越来越高。目前，中国国内也有城市开始建设自行车高速公路。

1. 厦门自行车高速公路

2017年1月，中国首条自行车高速公路——厦门空中自行车高速公路(图2.30)开通运营，在各站点有共享自行车供市民骑行。空中自行车高速公路是一个独立高架的骑行系统，主要沿巴士快速交通(bus rapid transit，BRT)两侧布置，悬挂于厦门 BRT 中段位置。该自行车高速公路全长 7.6km，全线包含 11 处出入口，其中，有 6 处出入口和 BRT 站点衔接，3 处与人行天桥衔接。同时，示范段全线将与 11 个普通公交站点接驳。

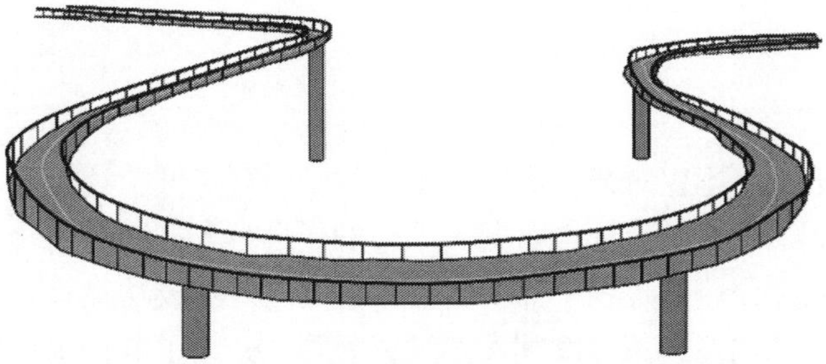

图 2.30　厦门空中自行车高速公路示意图

厦门空中自行车高速公路不但是世界上最长的空中自行车车道，也是中国第一条高架自行车车道。厦门空中自行车高速公路设计速度达到 25～30km/h，是普通自行车车道的 2 倍以上，整条自行车车道没有红绿灯，可以使骑行一路畅通。

2. 北京自行车高速公路

2019 年 5 月，北京的首条自行车高速公路开通运行(图 2.31)。该自行车高速公路可将北京回龙观与上地之间的通勤时间由约 40min 缩短至约 26min。

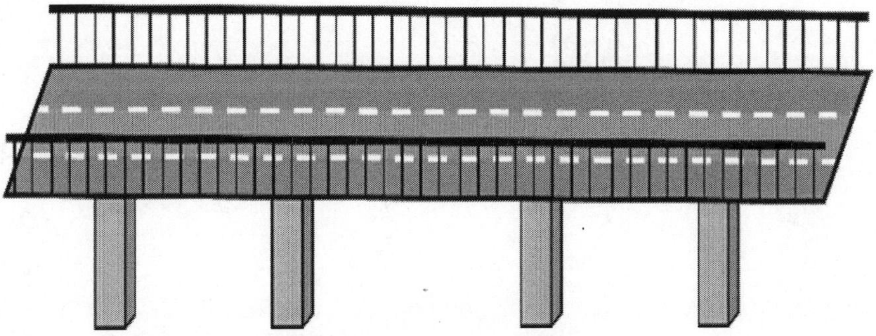

图 2.31　北京自行车高速公路示意图

北京自行车高速公路起点位于同成街与文华路交叉口，终点位于后厂村路与上地西路交叉口，长约 6.5km，其中 2.7km 是高架桥，设潮汐车道、助力系统、光伏路灯。在距离地面约 6m 的高空，桥梁由 1000 余块钢箱梁拼装而成。北京自行车高速公路宽 6m，设 3 条车道，其中 2 条绿色通行车道，1 条红色潮汐车道。北京自行车高速公路早高峰期间，由东向西的车流使用红色车道；晚高峰期间，由西向东的车流使用红色车道。

总之，自行车高速公路在中国的发展尚属于起步阶段，其交通组织与布局形式还需要深入的研究。在中国未来的规划建设中，建设自行车高速公路要结合中国城市的实际情况，适应自行车的特点和出行特征，服从于中国城市的功能，进行充分的科学论证，并采取适宜的方案和措施。

2.7 小　结

自行车高速公路不仅对骑行者的健康有益，而且降低了社会经济成本，提高了社会效益，特别是对城市环境有益。国外发展自行车高速公路较早，因此我国在规划自行车高速公路的过程中需要学习、借鉴国外的成功经验。一方面，本章以丹麦、荷兰、德国、英国等欧洲发达国家为例，介绍了自行车高速公路的发展现状，以便找出自行车高速公路的共性，为国内的自行车高速公路规划提供参考；另一方面，本章还介绍了自行车高速公路的发展历程，强调了公共自行车系统在交通系统中的重要作用，以及欧洲各国自行车高速公路的发展态势。

第 3 章　自行车高速公路的规划理论

自行车高速公路的规划理论是自行车交通管理中的主要理论之一，也是从事自行车规划、建设和运营的主要依据之一。自行车高速公路规划的主要内容有自行车高速公路点、线、面的规划，停车站、服务站等基础设施的规划，以及安全保障体系的设置规划等。为了给众多的骑行者提供一个良好的骑行环境，欧洲多个国家都积极地规划、建设和运营自行车交通系统。

在自行车高速公路系统中，自行车高速公路是指路面平坦宽阔、专门用于骑行的城市间交通线路。自行车高速公路两侧有开口，非全封闭式，全程没有交叉口，类似机动车高速公路，包括服务区、停车站等硬件设施，同时存在一系列的管理设备，但没有收费站。另外，自行车高速公路全程禁止行人通行及机动车行驶，保证骑行者能以较快的速度安全地在城市之间来往。

3.1　自行车高速公路的基本特征

自行车高速公路系统是包括自行车高速公路、各种与自行车相关的硬件设施和管理设备的集成。为了科学合理地研究自行车高速公路的基本特征，在分析自行车高速公路特点的基础上，解析自行车高速公路的内外部关系，总结出自行车高速公路的基本特征，并从系统的观点出发，综合考虑发展自行车高速公路涉及的内部及外部关联因素，明确其内外部关系。

3.1.1　自行车高速公路的架构形式

在自行车高速公路系统中，现有的自行车高速公路分为三种形式：全高架形式、局部高架形式、平面形式。

(1) 自行车高速公路的全高架形式车道。在自行车高速公路系统中，全高架形式车道主要是通过高架桥的形式将自行车车道架在空中，这种形式的车道基本不占用土地资源，可以提高土地利用率，但也存在以下问题：首先，全高架形式成本高；其次，全高架形式出入口处需要设置上下引道，地形限制不能设置太多，对车道的使用造成了影响；最后，全高架形式车道高度太高会对部分自行车造成影响，也存在一定的危险性。这种形式建设的车道主要有厦门的空中自行车高速公路(图 2.30)和伦敦的“SkyCycle”(建设中)。“SkyCycle”是目前世界上最长的全高架形式车道，它是一条在铁路上方的自行车高速公路。

(2) 自行车高速公路的局部高架形式车道。在自行车高速公路系统中，局部高架形式车道就是在部分通过河流、道路等的艰险路段，甚至是在交叉口使用高架桥的形式，以方便骑行者通过。其中，多数高架主要设置在通过河流、高速路等地段。在自行车高速公路系统中，局部高架形式也是运用最多的一种形式，例如，位于丹麦哥本哈根的“CycleSnake”——蛇形自行车桥(图 3.1)，形状像一条蛇一样弯曲的高架穿越海港，连接 Bryggebro 桥和 Dybbølsbro 桥。其不仅美观，而且给骑行者提供了方便，同时增加了橙色铺装将行人和自行车分离，提高了骑行者的舒适度。

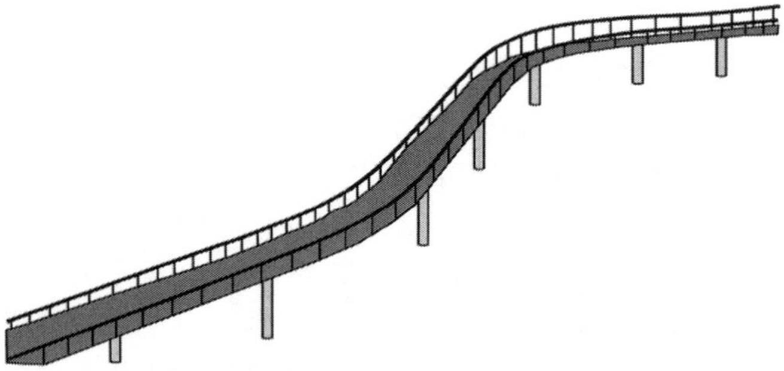

图 3.1 丹麦哥本哈根的蛇形自行车桥示意图

(3) 自行车高速公路的平面形式车道。在自行车高速公路系统中，平面形式车道通过改造优化现有的道路、设施，给骑行者提供独立的路权，用鲜艳的颜色引导骑行者。对平面形式车道影响最大的是红绿灯，影响了人们的骑行速度和骑行体验。另外，周围道路的隔离、管理也需要防止机动车占道、停放等问题。以这种形式建设的车道主要是伦敦的 CS3 线(图 3.2)，这条线部分路段处于伦敦市区人口较为密集的区域。

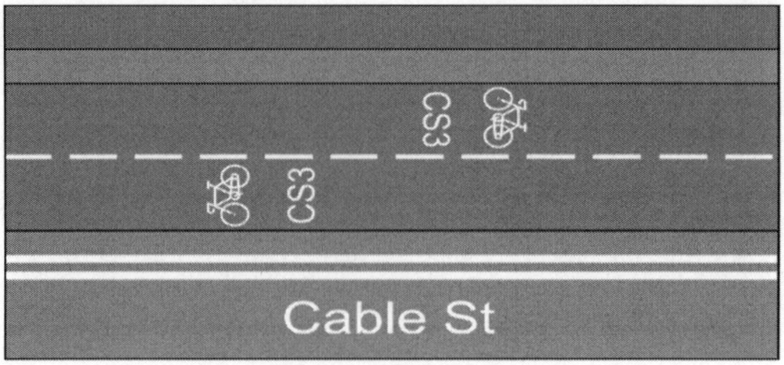

图 3.2 伦敦 CS3 线

3.1.2　自行车高速公路的外部关系

在自行车高速公路系统中，自行车高速公路中包含各种因素，因素之间存在相互作用，并与外部环境存在信息交互，如人口土地、生产消费、环境能源、科学技术、精神文化、医疗健康等。自行车高速公路是一个开放性的系统，与外部环境有密切的联系。一方面，当越来越多的人选择自行车出行时，城市环境将得到有效改善，减少了机动车对环境的损害；另一方面，骑行上下班或上下学可以满足人们每天的基本运动量，有利于市民的身体健康，达到低碳交通、绿色出行的目的。自行车高速公路与社会经济系统的关系如图 3.3 所示。

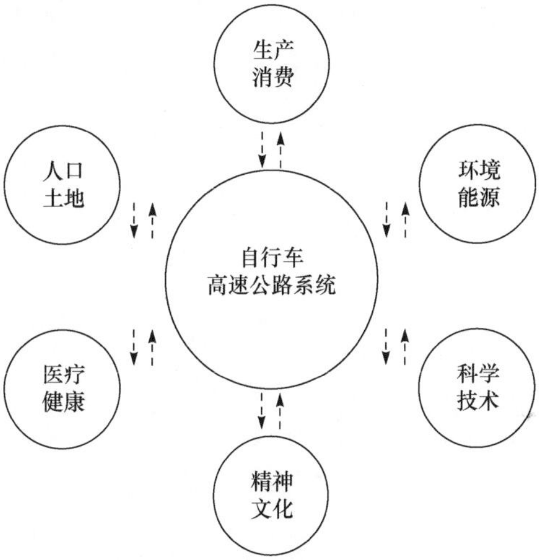

图 3.3　自行车高速公路与社会经济系统的关系

不同的交通方式有不同的服务范围，每种交通方式有其适宜的运输距离(与速度有关)和运输容量。图 3.4 反映了步行、普通自行车、机动车、高速自行车(自行车高速公路上的自行车)等出行比例随出行距离的变化规律。

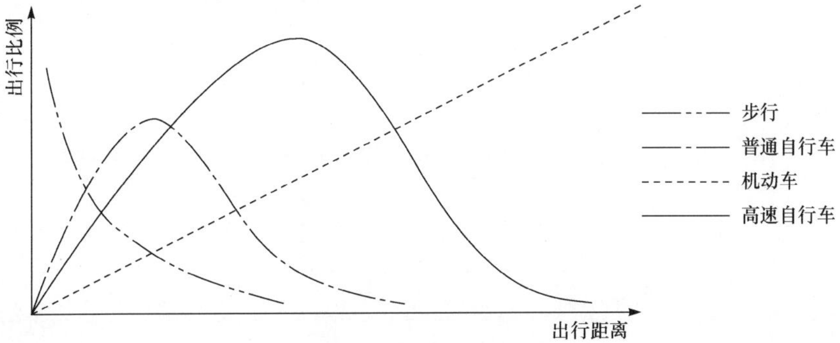

图 3.4　交通方式出行比例与出行距离关系

自行车交通是城市交通系统的组成部分，自行车高速公路的作用在于：不仅满足相应的交通需求，而且扩大了自行车交通方式的最佳服务范围，同时，给予不同交通方式有效的衔接，便于居民出行。

3.1.3　自行车高速公路的内部关系

在自行车高速公路系统中，自行车高速公路的内部关系，主要包括自行车高速公路的基本要素、道路等级以及主要功能等，特别是人、车、路和环境的关系。

1. 自行车高速公路的基本要素

在自行车高速公路系统中，自行车高速公路的基本要素主要有人、车(自行车)、路(途径)、环境(所处位置)等。自行车高速公路的架构组成如图 3.5 所示。

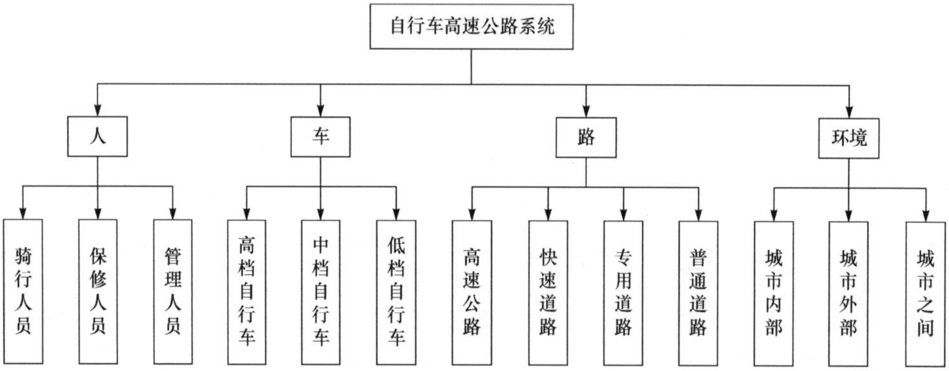

图 3.5　自行车高速公路的架构组成

2. 自行车高速公路的道路等级

自行车高速公路系统包含众多种类，根据性质以及交通量等特征的不同，将自行车高速公路分为若干等级。在总结国内外现行分类方法的基础上，本书将自行车高速公路的道路等级分为四级[27]，如表 3.1 所示。

表 3.1　自行车高速公路的道路等级分类

序号	等级	名称	运行速度/(km/h)
1	一级	自行车超级高速公路	40 以上
2	二级	自行车高速公路	30～40
3	三级	自行车普通高速公路	20～30
4	四级	自行车专用道	20 以下

(1) 自行车超级高速公路。在自行车高速公路系统中，自行车超级高速公路联系城市之间、城市内部及城市中心的主要通道，承担着大量的自行车交通，如图 3.6 所示。自行车超级高速公路要求速度快、干扰小、通行能力强，是城区自行车路网的骨架，其路径方向应与自行车出行的主要方向一致。道路类型包括全市性的自行车专用道和有分隔的自行车车道。

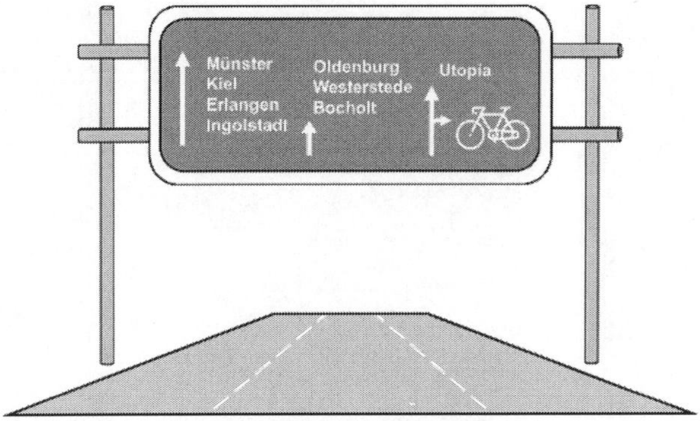

图 3.6　自行车超级高速公路

在自行车高速公路系统中，自行车超级高速公路的建议参数：设计速度为 40km/h 以上，计算通行能力速度为 40～50km/h，车道宽度为 9m。

(2) 自行车高速公路。在自行车高速公路系统中，自行车高速公路联系城市之间、城市内部各交通区的自行车车道，重点保证居住区、商业服务区和工业区与全市性干道的联系，如图 3.7 所示。其主要是满足自行车中、短距离的出行。道路类型可选用自行车专用道、有分隔的自行车车道和用画线分隔的自行车车道。

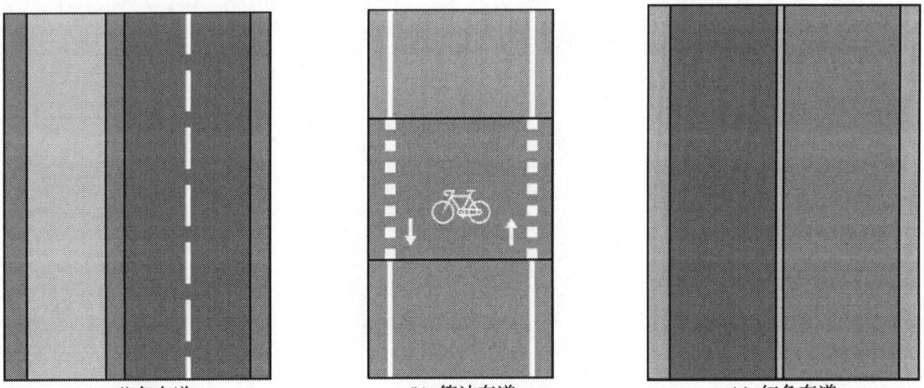

(a) 蓝色车道　(b) 简洁车道　(c) 红色车道

图 3.7　自行车高速公路

在自行车高速公路系统中，自行车高速公路的建议参数：设计速度为 30～40km/h，计算通行能力速度为 30～35km/h，车道宽度为 7m。

(3) 自行车普通高速公路。在自行车高速公路系统中，自行车普通高速公路联系城市内部住宅、居住区街道与干线网的通道，是自行车路网系统中最基本的组成部分，在自行车路网系统中起着集散交通的作用，如图 3.8 所示。自行车普通高速公路要求路网密度较大，在生产服务区、生活区深入性较好，基本上选用画线分隔的自行车车道形式和混行的自行车车道形式。

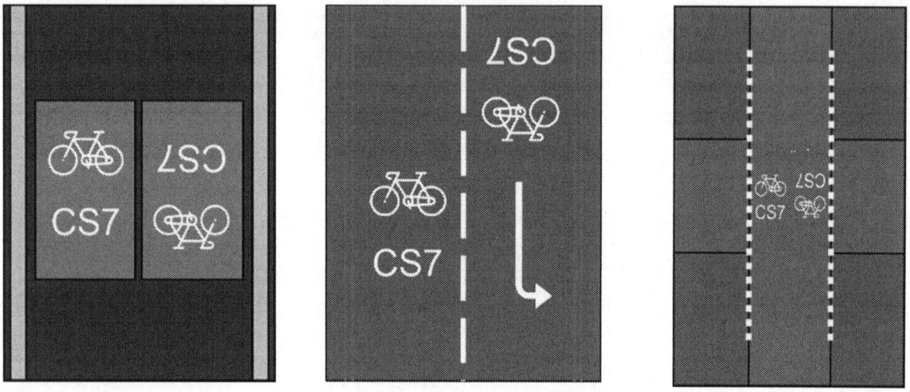

(a) 直行车道　　(b) 左转车道　　(c) 横行车道

图 3.8　自行车普通高速公路

在自行车高速公路系统中，自行车普通高速公路的建议参数：设计速度为 20～30km/h，计算通行能力速度为 20～25km/h，车道宽度为 5m。

(4) 自行车专用道。在自行车高速公路系统中，自行车专用道是自行车路网系统中最基本的组成部分，在自行车路网系统中起着分散交通的作用，如图 3.9 所示。自行车专用道要求路网密度较小，在生产服务区、生活区深入性较好，基本上选用画线分隔的自行车车道形式和混行的自行车车道形式。

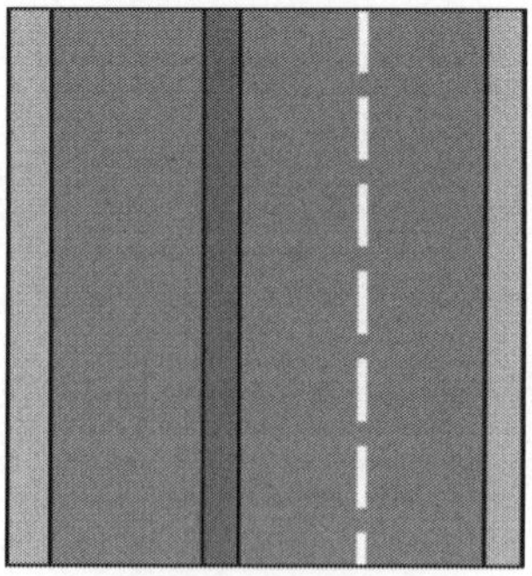

图 3.9　自行车专用道

在自行车高速公路系统中，自行车专用道的建议参数：设计速度为 20km/h 以下，计算通行能力速度为 15～19km/h，车道宽度为 4m。

3. 自行车高速公路的主要功能

在自行车高速公路系统中，自行车高速公路按其功能可分为城市内部自行车高速公路和城市之间自行车高速公路两大类[28]；按其距离长短可分为远程自行车高速公路(30km 以上)、中程自行车高速公路(20～30km)、近程自行车高速公路(10～20km)和短程自行车高速公路(10km 以下)四类，各类高速公路的功能各不相同，如表 3.2 所示。

表 3.2　自行车高速公路分类(按距离)及其功能

类别	距离/km	布局形式	功能
远程自行车高速公路	30 以上	高架式、隧道式	城市之间
中程自行车高速公路	20～30	路堤式、路堑式、高架式	城市之间、城市内部
近程自行车高速公路	10～20	路堤式、路堑式	城市内部
短程自行车高速公路	10 以下	平面立体交叉	城市内部

3.1.4　自行车高速公路的主要特征

自行车由于其自身具有便捷、清洁、廉价、占地面积小的特点而被许多人推崇并采纳为发展绿色交通的对象。自行车交通的主要特征有以下几个方面：

(1) 低能耗——自行车出行更健康。丹麦政府统计数字显示，骑 6mile 自行车比开小汽车 6mile 能减少 9 美分的医疗保健成本[29]。同时，自行车作为一种锻炼体能的交通工具，能降低人的血压，增强人的耐力，而且有很多人从自行车出行中得到了快乐，这是一种比开小汽车更健康的出行方式。

(2) 低排放——自行车出行更环保。丹麦政府调查显示，每骑行 1km 就能减少约 50g 二氧化碳的排放，自行车交通噪声低、无污染、不需要燃料，有利于保护城市生态环境。不以开车而是以步行或骑行为首选的城市更适宜人们居住[30]。不同交通方式的环境污染程度如表 3.3 所示，各种交通方式的能耗比如图 3.10 所示。

表 3.3　不同交通方式的环境污染程度　(单位：g/(人 · km))

排放物质	小汽车	飞机	高铁	自行车
CO	1.26	0.51	0.003	0
NO_x	0.25	0.7	0.1	0
CO_2	111	158	28	0
SO_2	0.03	0.05	0.01	0

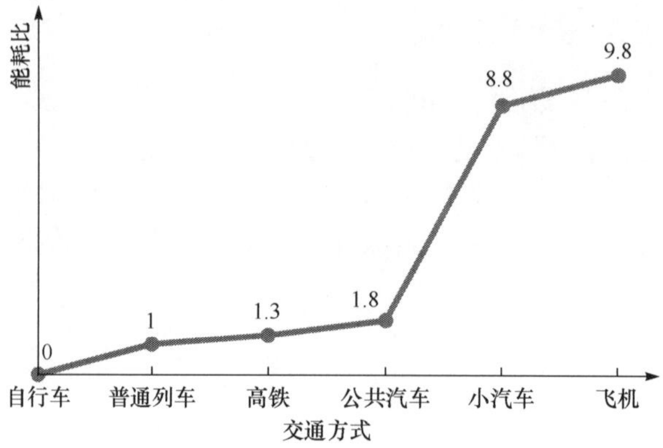

图 3.10　各种交通方式的能耗比

(3) 小空间——自行车行驶和停放所需空间小。相对小汽车而言，一方面，从动态角度看，一条宽 3.5m 的道路上每小时的交通量约为 2000 辆小汽车，但自行车的交通量是小汽车的 4～7 倍；另一方面，从静态角度看，1 辆小汽车停车用地能停放 8～12 辆自行车。对于宽 3.5m 的行车道，小汽车与自行车的交通量对比如表 3.4 所示[31,32]。

表 3.4　3.5m 行车道小汽车与自行车的交通量对比

交通量	时间/min			
	15	30	45	60
小汽车交通量/千辆	0.51	1.02	1.54	2
自行车交通量/千辆	2.55	4.59	10.78	14

(4) 低成本——建设维护及使用成本低。自行车高速公路系统的建设不但节约对小汽车设施的投资，而且节约对交通安全和环境保护的投资。例如，在荷兰，自行车每行驶 1km 所需的市政公共投资非常少，仅为小汽车的 1/200；英国政府只需花费相当于铺一条轻型城市铁轨的费用就可建成一条同等载客量的全封闭自行车高速公路[33]，而且自行车高速公路建成运行后不再需要任何政府津贴。

(5) 便捷性——全天候及方便快捷化。封闭式自行车高速公路可以降低天气对骑行者的影响，雨雪等天气下仍可自由骑行，高速公路内没有交叉口和红绿灯，自行车的最高速度可达 40km/h，夜间高速公路内会有夜光照明标识。只需一辆自行车和一些简单的防护措施即可上路，不但方便快捷，而且无须候车，即来即走，减少不必要的等待时间和流程。

3.2　自行车高速公路的规划理念

自行车作为一种绿色、便捷的交通方式越来越受到人们的重视，继而发展出自行车高速公路这一概念，以提高城市自行车出行所占比例，达到缓解交通问题的目的。因此，自行车高速公路规划应与城市用地规划相结合，做到布局合理。自行车高速公路的规划和建设问题主要有以下两方面：

(1) 时空一体化问题。自行车交通设施的规划要与其他交通方式的规划结合进行，综合利用时空资源，形成有机系统，方便“自-车”切换和“自-步”切换，同时解决好衔接点的停车问题。

(2) 网络一体化问题。重要自行车车道、区域自行车车道和小区自行车车道等不同层次路网的有机衔接，保证自行车在城市各个部分的可达性，并力争使线路实现最短行驶距离和最少出行时间。

3.2.1　自行车高速公路的规划原则

在自行车高速公路系统中，当进行自行车高速公路规划时，要综合考虑城市目前的自行车发展状况，依据自行车出行特性和自行车交通在城市中的功能定位分析，制定一系列行之有效的发展规划，在各个发展阶段做到适度合理发展，从而使自行车高速公路能够发挥其应有的作用。在进行自行车高速公路规划时，需要遵循以下基本原则：

(1) 供需平衡、满足需求原则。在自行车高速公路系统中，自行车高速公路规划应满足交通需求，特别是上下班、上下学的出行需求。满足需求有两方面的要求：一方面是要求自行车车道的通行能力满足基本交通需求；另一方面是形成一个自行车交通网络，保证自行车交通可达性。

(2) 方式协调、协调耦合原则。在自行车高速公路系统中，自行车高速公路规划应有全局的观点，协调好与其他交通方式的关系。基于协调耦合原则，自行车交通设施的规划要与其他交通方式设施的规划相结合，充分利用时空资源。

(3) 易于分流、协调管理原则。在自行车高速公路系统中，自行车高速公路规划时应尽可能遵循机非分离、人车(自行车)分流的原则，进行科学化管理，使得自行车高速公路成为一个开放的有序系统。

(4) 因地制宜、资源优化原则。在自行车高速公路系统中，自行车高速公路规划应尽量挖掘道路资源，以利用现有道路为主，充分利用现有道路或街巷，进行修整或拓宽，使之纳入整体自行车交通系统，达到资源优化的目的。

(5) 快速有效、出行便捷原则。在自行车高速公路系统中，自行车路网布局应与居民日常出行的主要方向相一致，并应与不同区域的交通需求相协调，力求自行车车流在整个规划网络内均衡分布，以利于实现自行车路网功能的最大化。

(6) 以人为本、改善环境原则。在自行车高速公路系统中，将自行车车道、人行道以及机动车车道的设计进行有机结合，利用地形变化和道路立体组合形成丰富的空间，为自行车交通创造良好和安全的环境。

3.2.2　自行车高速公路的规划期限

在自行车高速公路系统中，自行车高速公路规划的目标与规划的期限是紧密联系的。自行车高速公路规划按规划期限不同可分为战略规划、远期规划和近期规划。因此，不同的规划期限要求有不同的研究范围、规划内容、规划方法和规划程序。

(1) 自行车高速公路的战略规划(20 年以上)。在自行车高速公路系统中，自行车高速公路的战略规划需要考虑较多的土地使用与交通的耦合关系，并考虑未来 20 年或更远时期方案的广泛效应，从战略上考虑整个区域发展态势。

(2) 自行车高速公路的远期规划(10～20 年)。在自行车高速公路系统中，自行车高速公路的远期规划就是研究 10～20 年的自行车高速公路是采用新系统还是改进现有系统，确定系统内部结构，进行较完整的方案设计，解决居民出行难题。

(3) 自行车高速公路的近期规划(10 年以下)。在自行车高速公路系统中，自行车高速公路的近期规划就是研究 10 年以内对现有交通系统的调整和优化，找出问题、分析原因并提出相应的措施，给出合理答案。

在自行车高速公路系统中，考虑的自行车高速公路的规划期限越长，研究涉及的范围越广，自行车高速公路规划采用的模型和得到的结果也越宏观，因而有“近期宜细，远期可粗”的规划原则。自行车高速公路规划期限与研究范围的关系如图 3.11 所示。

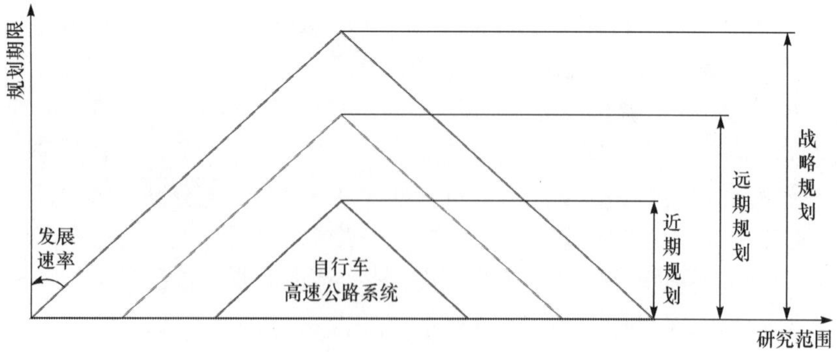

图 3.11　自行车高速公路规划期限与研究范围的关系

3.3　自行车高速公路的规划框架

自行车高速公路规划属于多目标决策问题，其决策符合多目标决策的一般过程。完整的自行车高速公路规划框架包括从规划目标分析、规划主体流程设计、规划主体内容设计、规划检验到规划实施的全过程。其中，规划主体部分又包括交通调查、综合分析、方案设计和方案评价四个步骤[34]。根据自行车交通的特点及自行车高速公路网的功能定位，确定规划目标，形成高效的自行车交通网络。自行车高速公路规划目标按规划期限可分为近期目标、远期目标和战略目标。根据规划主体部分，自行车高速公路线路规划框架如图 3.12 所示。

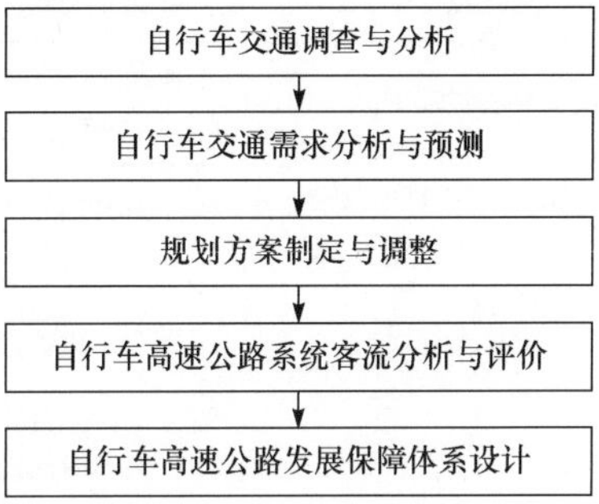

图 3.12 自行车高速公路线路规划框架

3.3.1 自行车高速公路的规划流程

自行车高速公路的科学规划，应与自行车交通设施的设计和管理结合起来，以提高路网资源的利用率、保障自行车应有的通行权为前提。自行车高速公路规划中应有全局、整体、系统的观点，以及定性分析与定量计算相结合的方法。图 3.13 为自行车高速公路网络规划总体流程。

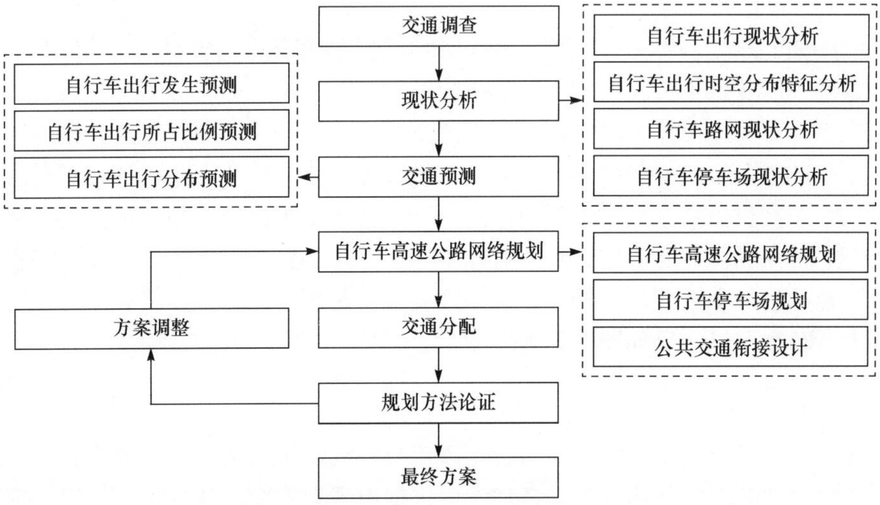

图 3.13 自行车高速公路网络规划总体流程

3.3.2 自行车高速公路的规划内容

在自行车高速公路系统中，自行车高速公路规划的主体一般包括交通调查、综合分析、方案设计和方案评价四个步骤或四个阶段。在自行车高速公路系统中，不同规划期对应的侧重内容不同，如表 3.5 所示[35]。

表 3.5 自行车高速公路不同规划期规划内容

名称		战略规划	远期规划	近期规划
第一阶段	交通调查	社会环境系统调查	土地利用-交通系统的全面调查	自行车高速公路内较细致的调查
第二阶段	综合分析	考虑系统外部平衡的预测分析	系统内、外部平衡结合的预测和现状分析	考虑系统内部平衡的现状分析
第三阶段	方案设计	重大交通项目规划	项目方案设计	局部调整，详细的方案与实施计划
第四阶段	方案评价	以社会、经济、环境综合影响评价	系统评价和社会评价	技术经济评价

1. 自行车高速公路场站规划

对于自行车高速公路，停车场是专门供各种自行车存放停驻的露天的或室内的场所，一般有自行车停车场、停车楼和临时停车场等。停车场的分类标准与方法不同，因此有很多类别，目前尚无统一的规定，常用类别有：

(1) 按停车场的性质可分为自行车专用停车场、自行车公共(社会)停车场、私人停车场、临时停车场。

(2) 按设置地点(停车方式)的不同可分为路内停车场(自行式)、路外停车场、自行式(平面式、多层式)停车场、机械式停车场。

在自行车高速公路系统中，自行车停车场是指为使用自行车高速公路的用户提供服务的停车场所，包括为各类转乘、换乘出行者提供存车服务的停车场所，这是自行车高速公路规划设计的一个重点。自行车停车场应在需求分析的基础上因地制宜地布局。在布局中，对于有需求但无用地的路段，考虑压缩停车需求；对于有需求且与动态交通无冲突、道路宽度又满足需要的路段，可以考虑规划路边停车。自行车停车场如图 3.14 所示[36]。

2. 自行车高速公路线路规划

在自行车高速公路系统中，自行车高速公路线路规划的主要步骤为：交通现状分析、交通调查、预测分析、条件考虑、提出规划构思、评价论证方案、确定方案。在自行车交通调查中分析自行车交通需求预测方法，需要自行车起点和终

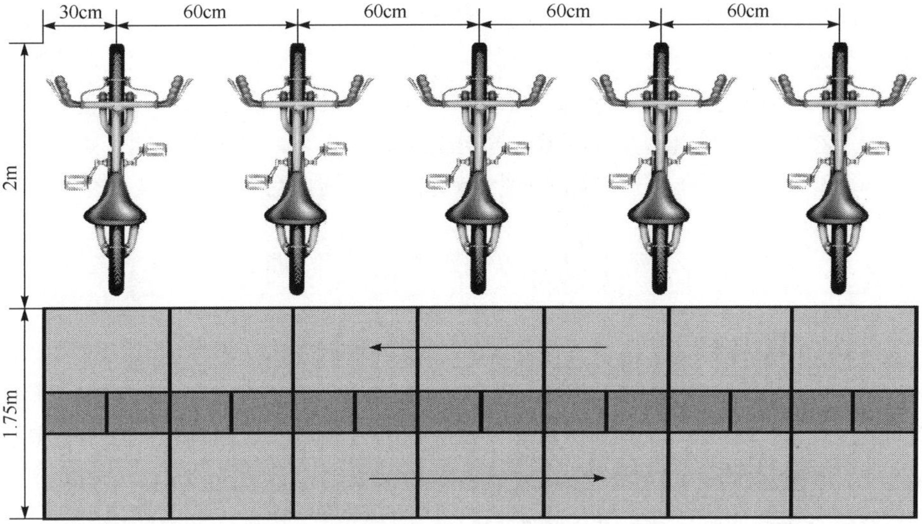

图 3.14　自行车停车场

点(origin destination, O-D)数据，但由于自行车出行的随意性、目的性不强等特点，往往不能收集到准确、有效的 O-D 数据。根据自行车交通发生的范围与频率，按照城市的用地性质、用地容积率来确定城市自行车交通线路，再根据城市自行车车道所处的位置、服务对象及功能对自行车车道进行梳理，从而达到自行车高速公路的规划目的。自行车高速公路线路如图 3.15 所示。

图 3.15　自行车高速公路线路

3. 自行车高速公路网络规划

自行车高速公路网络规划是一个复杂的问题，涉及自行车交通的政策、管理以及控制等多个方面，因此自行车高速公路网络规划需要从多方面入手。传统的自行车车道系统主要服务于短距离(5km 以下)出行，自行车高速公路解决了自行车长距离出行的难题(15km 以上)，它的交通区域划分要比城市一般的自行车交通规划的交通区域划分要大。具体划分时应充分考虑均质原则、行政原则和自然屏障原则等，要尽可能地把自行车交通组织在城市分区或组团的内部。不把自行车交通限定在交通区域内，并且区域之间的交通路网尽量以自行车高速公路的形式联系，用高效的自行车高速公路承担区域之间的交通出行。

3.4 自行车高速公路的“点”规划设计

在自行车高速公路系统中，自行车高速公路规划的设计不仅包含线网规划、场站规划等主题内容规划的架构设计，而且在整个系统规划设计的范畴内包括一些细节设计。一方面，适配自行车的设计：自行车高速公路对骑行的速度有着更高的要求，相应地对于自行车的设计就有着特殊的需求；另一方面，自行车高速公路场站车库的形态设计：为了保证自行车有序停放，保证停车空间得到最大限度的利用，同时要保证外部环境的美观等，需要对自行车高速公路场站车库进行规划设计，达到既能满足停车要求，又能美化城市景观的目的。

3.4.1 自行车的规划设计

自行车是由人力脚蹬驱动的、有两个车轮的陆地交通工具，俗称脚踏车或单车。自行车自 18 世纪诞生以来，深受人们喜爱。自行车噪声低、无污染、质量轻、结构简单、物美价廉、使用和维修方便，既能作为代步和运载货物的工具，又能作为体育锻炼的工具，因而被人们广泛使用。特别是随着“时尚、运动、健康、绿色、环保”的理念不断深入人心，自行车不仅成为人们的代步交通工具，而且进入运动、休闲、娱乐、时尚领域，并融入更多的科技、文化元素，成为所有家庭的必备用具。其中，无链条自行车发展经历了以下阶段。

(1) 第一代无链条自行车。2012 年 10 月，韩国万都公司设计的“无链条自行车”被称为世界上首款没有链条的混合动力电动自行车，像其他助踩式自行车一样，无链条自行车结合了人体动力和电子动力[37]。这种新型自行车将骑行者的动能通过连接至曲柄的发电机直接转化为电能。这些电能可以存储在自行车的锂电池中，之后通过电动机驱动后轮再次转化成动能。第一代无链条自行车拥有一个电子控制装置，在传感器的配合下监控地形，由一个自动齿轮变换器调节发动机的电能输出量，如图 3.16 所示。

(2) 第二代无链条自行车。匈牙利的 Schwinn-Csepel 公司生产出了一种新型的无链条自行车。与之前的自行车不同，它的前轮只负责掌控方向，动力完全依靠安装在后轮的一个滚轴和两根与脚蹬相连的拉绳提供[38]，当然这种拉绳是特殊材料制成的，非常耐磨，如图 3.17 所示。第二代无链条自行车的特点：骑行者只需简单地踩脚蹬就能向前行驶。第二代无链条自行车的两个脚蹬拉动方向是相反的，这种设计可以持续产生推力。

图 3.16　第一代无链条自行车

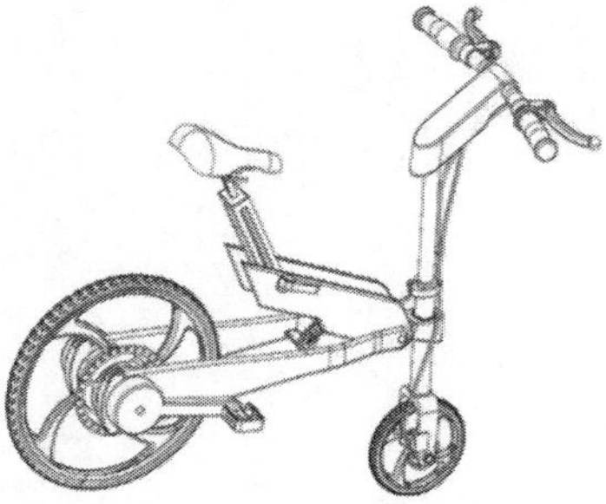

图 3.17　第二代无链条自行车

3.4.2　自行车场站的规划设计

在自行车高速公路系统中，自行车高速公路中的场站包括多种，如充气站、停车场、休息区等。每种场站都有存在的意义，在整个自行车高速公路系统中扮演着不可或缺的角色。

(1) 自行车的充气站和修理站。在自行车车道旁，每隔一段距离就应设立自行车充气站和修理站，供骑行者为车胎打气、方便休息以及对自行车进行简单的维修。自行车充气站如图 3.18 所示。

图 3.18　自行车充气站

(2) 自行车的停靠站。在自行车运动普及的一些欧洲国家，在地铁，甚至在公交车、火车上都设有专门的自行车停车架；市内所有出租车都有特殊的挂钩，能同时挂两辆自行车；为骑行者停放自行车提供便利。丹麦哥本哈根地铁上的自行车专用车厢如图 3.19 所示。

(3) 自行车的停车场。自行车停车场应在目的地(公共设施、公交站点等)就近布置；因地制宜，合理利用绿化带、桥下、路侧等空间布置；严格按照地方管理规划技术等文件，在规划阶段确定建设指标。例如，在欧洲一些自行车发达国家，很多商场外面，在有机动车停车位的地方，都设有自行车停放处(其占地面积甚至比机动车停车位还要大)，其示意图如图 3.20 所示。

图 3.19　丹麦哥本哈根地铁上的自行车专用车厢

图 3.20　欧洲国家的自行车停放处示意图

3.4.3　自行车高速公路的细节设计

为了给骑行者创造良好舒适的骑行环境，各国都在思考自行车高速公路的细节设计。例如，丹麦哥本哈根的交叠信号灯绿波速度是按照自行车的速度设计的，这样可以保证骑行者一路畅通无阻。在自行车高速公路的出入口，或者自行车高速公路交叉口位置设置自行车减速带，以提醒骑行者到达路口需要减速。厦门自行车高速公路部分出入口设置的盘道如图 3.21 所示。

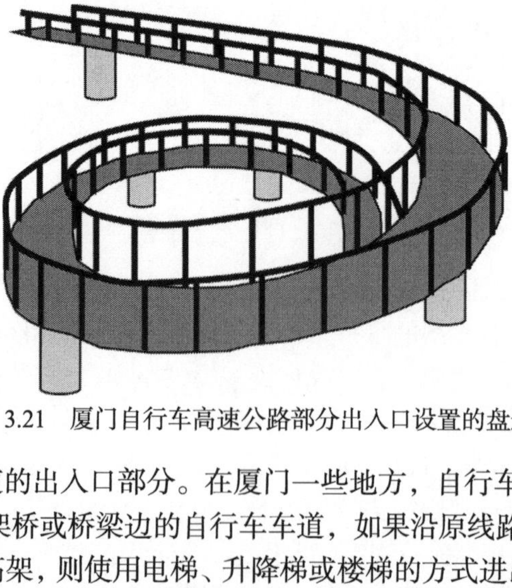

图 3.21　厦门自行车高速公路部分出入口设置的盘道

(1) 自行车车道的出入口部分。在厦门一些地方，自行车运行采用螺旋而上的方式。荷兰的高架桥或桥梁边的自行车车道，如果沿原线路，则使用长坡道上下；如果中途建设高架，则使用电梯、升降梯或楼梯的方式进出，如图 3.22 所示。

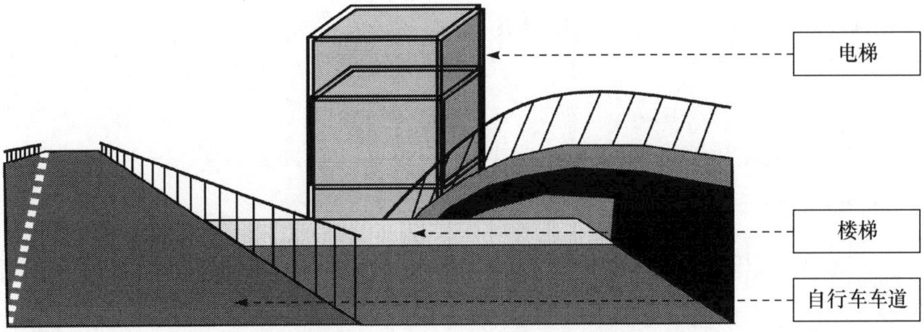

图 3.22　自行车车道出入口设置

(2) 自行车车道的标识。为了保障骑行者不迷路，并且自行车在经过路口时可以先行，需要在道路沿途以及路口设置提醒标识，如图 3.23 所示。例如，英国在少部分的路口处设置了“GIVE WAY”的标识，提醒机动车给自行车让行，而荷兰在标识下加入了自行车和相对的箭头来提醒机动车。

(a) 英国部分路口处的让行标识

(b) 荷兰机动车给自行车让行的标识

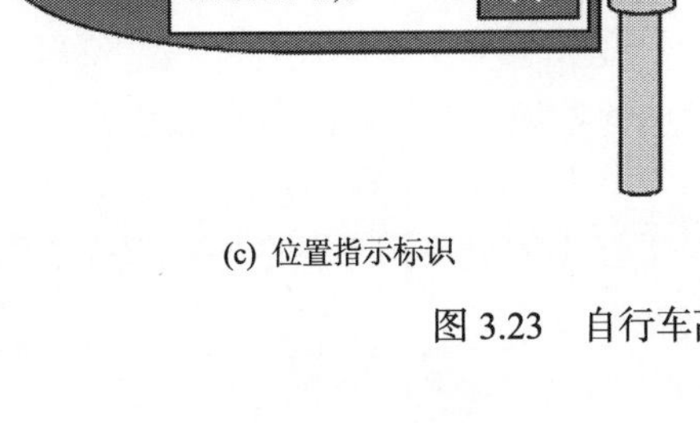

(c) 位置指示标识

(d) 路线指示标识

图 3.23　自行车高速公路的提醒标识

(3) 自行车车道的观景台和休息平台。在自行车高速公路系统中，自行车高速公路的观景台和休息平台多设置在高架桥或者自行车桥上，给行人或者骑行者观赏周围风景和短暂休息提供便利[39]。可以根据实际情况设置观景台、休息平台的位置，高架桥设置的观景台和休息平台如图 3.24 所示。

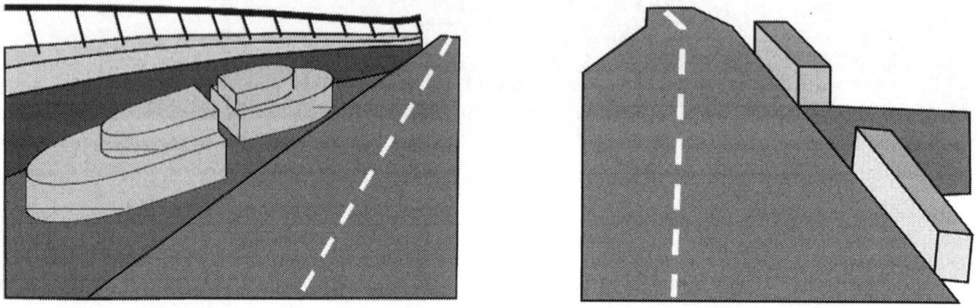

(a) 在高架桥上呈波浪式设计的观景台　　(b) 高架桥上的休息平台

图 3.24　高架桥设置的观景台和休息平台

(4) 公共自行车的停放处。厦门首次在自行车高速公路的出入口设置了公共自行车停放处，如图 3.25 所示。这样使没有自行车的人可以徒步走上自行车车道，然后租用自行车在自行车高速公路上骑行。

图 3.25　出入口处的公共自行车停放处

(5) 自行车车道的护栏。如果使用高架桥的方式，则对于防护就有一定的要求。例如，厦门使用了 1.3m 高的白色护栏，如图 3.26(a)所示；另外 V 形护栏比普通护栏高 1.1m，通过道路部分加高到了 3m，避免骑行者不小心跌落到桥底的车道上，如图 3.26(b)所示[40]。

(6) 自行车车道的交叉口和路口。在自行车高速公路系统中，自行车高速公路的交叉口和路口设计多元化。图 3.27(a)为丹麦大型交叉口的设计，只是将自行车车道用蓝色涂料标示出来，并没有进行特别的处理。图 3.27(b)为伦敦的自行车高速公路路口的设置，机动车车道和自行车车道分别由不同的信号灯指示。图 3.27(c)为荷兰部分地段交叉口的设计，属于较小型交叉口，图中的标识提醒骑行者注意周围车辆。

(a) 白色护栏

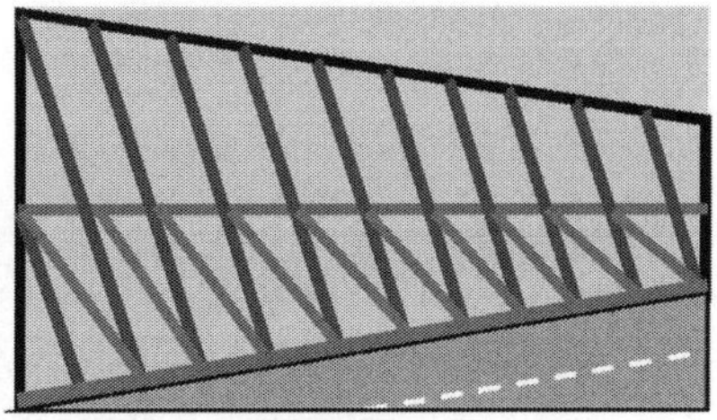

(b) V 形护栏

图 3.26　厦门自行车道路两边的护栏示意图

(a) 丹麦大型交叉口的设计

(b) 伦敦的自行车高速公路路口的设置

(c) 荷兰部分地段交叉口的设计

图 3.27　自行车交叉口的设计

(7) 自行车车道的灯光。在自行车高速公路系统中，自行车高速公路两侧的护栏上设置柔和的白光灯，给夜晚骑行提供了充足的灯光，如图 3.28 所示。

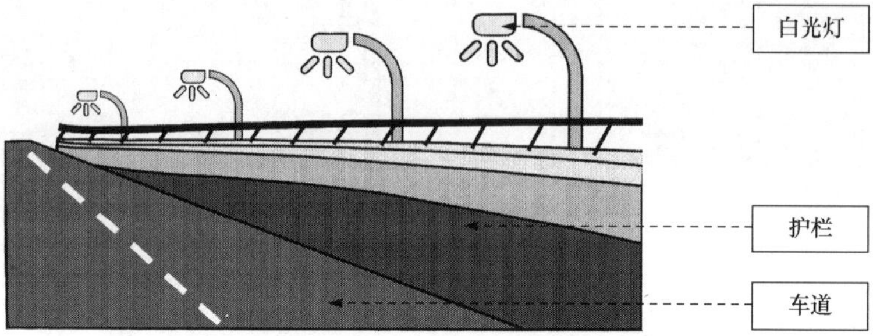

图 3.28　自行车高速公路上夜晚的灯光示意图

(8) 自行车车道的垃圾桶。自行车高速公路在设计时，考虑便捷性原则，设置了专门方便骑行者使用的倾斜的垃圾桶，如图 3.29 所示。

图 3.29　自行车车道的倾斜垃圾桶示意图

(9) 自行车车道的推行轨道。自行车高速公路在设计时，考虑人性化原则，设立了方便推行自行车上下坡的轨道，如图 3.30 所示。

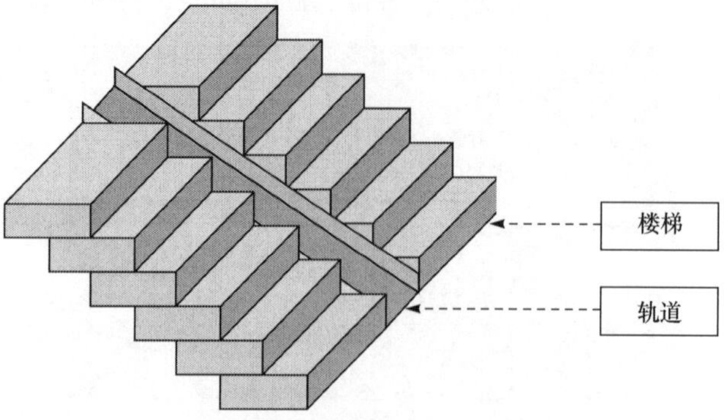

图 3.30　自行车车道的推行轨道

(10) 自行车车道的脚栅。自行车高速公路在设计时，考虑便捷性和人性化原则，设置了方便骑行者歇脚的脚栅，如图 3.31 所示。

图 3.31　自行车车道的脚栅

3.5 小　　结

为了科学合理地规划自行车高速公路，本章对自行车高速公路的规划理论进行了研究，主要对自行车高速公路的构成元素进行了解析，包括自行车、自行车的场站、自行车线路、自行车路网，以及与发展自行车高速公路相关的政策等内容。本章还介绍了自行车的场站规划理论及方法，主要包括自行车充气站、修理站以及停靠站、停车场等。

第 4 章　自行车高速公路的规划方法

自行车具有方便、灵活的特点，与传统的自行车交通相比，自行车高速公路交通继承了自行车交通不受固定站点限制、自主性强和可达性高等特点，是环境友好型的交通。特别是其打破了自行车出行的限制：速度上，从低速(15km/h)到高速(30km/h 以上)；距离上，从短距离(5km)到长距离(15km 以上，甚至达到 30km 以上)。传统自行车的出行距离通常在 5km 以内，出行时间通常在 15～30min，不超过 40min，而自行车高速公路的服务面积完全足够覆盖单中心的城市，支持自行车的中长距离(15km 以上，出行时间 1h 以上)出行。通过自行车高速公路与其他交通方式的对接，可以发挥自行车交通适应性强、受道路条件限制小、可以自由选择路径的特点，有效运用城市狭窄的道路，提高路网的利用率。

4.1　自行车高速公路规划的影响因素

在自行车高速公路系统中，自行车高速公路为居民的中长距离出行提供了一种新的选择，具有公交车和小汽车无法替代的优势。因此，各国需要鼓励自行车高速公路的发展，并且要挖掘其潜力，使自行车高速公路出行成为公共交通的重要出行方式。由于影响自行车高速公路规划的因素是多方面的，所以应主要考虑以下因素。

(1) 自行车高速公路的交通需求。在自行车高速公路系统中，自行车高速公路的交通需求要考虑出行次数、出行分布和出行路径的选择，这些都是影响自行车高速公路线网规划的主要因素。理想的自行车高速公路线网规划应满足大多数情况下的交通需求，具有服务范围广、出行时间适中、可达性高等特点。

(2) 自行车高速公路的道路条件。道路网是自行车高速公路线网的重要基础，但并非所有的道路都适合布设自行车高速公路，要考虑道路的几何线型、路面条件和容量限制因素。若自行车车道条件较差，如坡度陡且长、路宽不足、交通状况复杂，则不适合自行车高速公路的布设，此时就需要考虑另外建设专用的自行车高速公路。

(3) 自行车高速公路的场站条件。在自行车高速公路系统中，自行车高速公路的场站包括自行车停车场、自行车服务站及自行车高速公路起(终)点。因此，自行车停车场的选址应根据自行车高速公路与其他交通方式的衔接及其占地面积等因素来确定。

(4) 自行车高速公路的效率因素。自行车交通的效率因素还包括自行车高速公路线网单位投入(如每公里)获得的服务效益。自行车的交通特性决定了传统自行车交通的效率较低，而自行车高速公路打破了自行车交通的速度、距离限制，使自行车交通效率大大提高，成为自行车高速公路线网规划中重要的影响因素。

(5) 自行车高速公路的其他因素。在自行车高速公路系统中，自行车高速公路的其他因素(如挡风设施，见图 4.1)都是在进行自行车高速公路规划时必须考虑的基础要素。有些特殊情况还需要进一步进行特殊分析，例如，在强降雨季节以及冬季大雪地区，需要考虑到自行车高速公路的特殊需求，包括应急预案、路面避雨雪设施及其他硬件、软件的购置等。

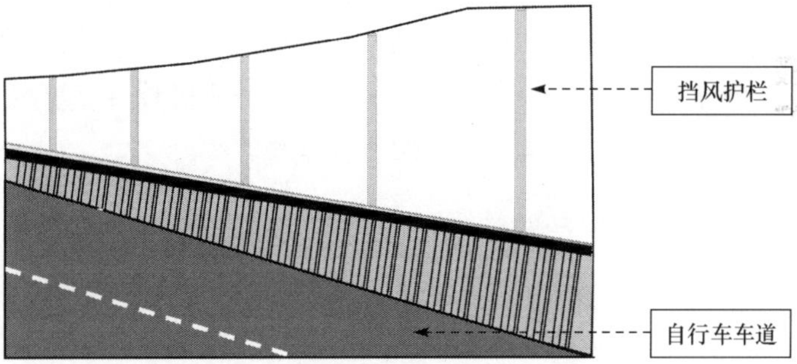

图 4.1　挡风设施

4.2　自行车高速公路的场站规划方法

在自行车高速公路系统中，对自行车高速公路场站的规划主要包括自行车高速公路起(终)点、服务站、交通枢纽和自行车停车场四种。自行车高速公路场站规划应结合城市规划的布局、计划用地进行，做到符合自行车高速公路畅通安全、使用方便快捷和经济合理的要求。下面详细介绍前三种规划原则。

4.2.1　自行车高速公路起(终)点规划原则

在自行车高速公路系统中，自行车高速公路的起(终)点及服务站的位置、间距的设计和管理对自行车高速公路作用的发挥有着重要影响。其中，自行车高速公路服务站的间距是影响自行车高速公路服务水平和交通安全的重要因素。自行车高速公路起(终)点的主要功能是连接各自行车交通小区及各级城市道路，提高自行车高速公路的可达性。它既是自行车高速公路与其他交通道路交互的部分，也可以兼具自行车停放处和服务站点的功能。自行车高速公路的起(终)点规划主要包括起(终)点的位置选择、规模确定以及出入口道路的接入设计等几方面内容，规划时应遵循以下原则[41-43]：

(1) 路网一致原则。在自行车高速公路系统中，自行车高速公路起(终)点的设置应与城市道路网的建设发展相协调，宜选择在紧靠客流集散点和道路客流主要方向的同侧。

(2) 客源一致原则。在自行车高速公路系统中，自行车高速公路起(终)点的选址宜靠近人口较集中、客流集散量较大且周围有一定空地位置的区域，使主要交通小区处在以该站点为中心的服务半径范围内(通常为 100m)，最大距离不超过 300m。

(3) 客流一致原则。在自行车高速公路系统中，自行车高速公路起(终)点站的规模，应按路线所服务的客流预测量来确定，保持客流一致原则。

4.2.2 自行车高速公路服务站规划原则

在自行车高速公路系统中，服务站是必不可少的设施。服务站能够为自行车高速公路的使用者提供服务，对保障行车安全、保证运输效率、缓解骑行者生理上的疲劳和处理车辆使用上的极限状况是十分重要的。

1. 自行车高速公路服务站的规划方法

自行车高速公路服务站的规划方法应该遵循三个“合适”原则，即合适的设置间距原则、合适的设置地点原则、合适的服务功能原则。

(1) 合适的设置间距原则。自行车高速公路服务站的站距受到交通出行需求、道路系统、骑行者的身体素质、车辆状况和交通安全等多种因素的影响，应合理选择，平均站距为 1～2km，道路条件较差、坡度较大的区间服务站站距宜选下限值，道路线型较好的区间服务站站距宜选上限值[44]，自行车高速公路的服务站站距建议值：下限值 1km，上限值 2km。

(2) 合适的设置地点原则。为使进入服务站的车辆最多，并有利于节约投资、保护环境，实现最大的社会经济效益，自行车高速公路服务站选址应考虑自然环境，选择在自然环境优美、靠近旅游景区的地点修建服务站，充分满足旅客休闲和旅游需求，既能为旅客提供宜人的休息环境，又能达到促进规模经济发展的目的，有利于吸引车流、人流和发展旅游经济。

(3) 合适的服务功能原则。随着自行车高速公路的逐渐联网，长途骑行者途经各个城市，更多的选择是不离开自行车高速公路，就近在城市附近的服务站休息或住宿，因而自行车高速公路对服务设施的需求也逐渐增强。

2. 服务站规模参数的确定方法

在自行车高速公路系统中，自行车服务站的选址是规划的第一步，接着需要对拟建服务站进行规模的计算，然后在计算的基础上，结合相邻服务站功能进行调整，确定自行车服务站的规模和等级。

在确定自行车高速公路服务站规模时：首先，根据交通量与服务站的利用率计算自行车停车位数；其次，根据停车位数计算与停车位数有关的餐厅、休息场所、公共厕所等其他设施的规模；最后，对于受其他条件影响较大的方面，如绿化用地，不应单独考虑停车位数的要求，还要考虑用地与发展等方面的需求。这些组成要素组合在一起，就决定了服务站点的总体规模。自行车高速公路服务站停车位数计算流程如图 4.2 所示。

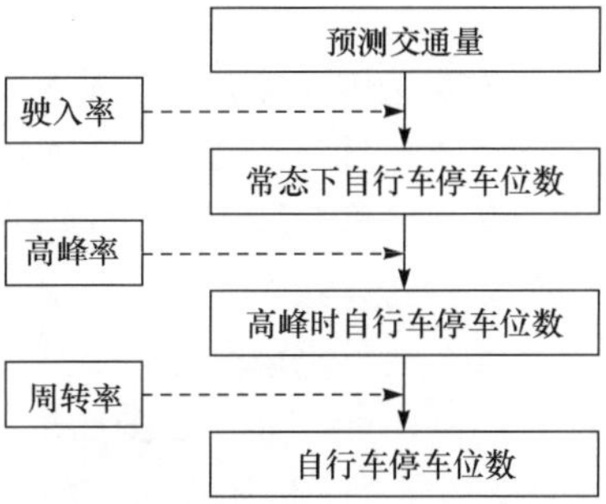

图 4.2　自行车高速公路服务站停车位数计算流程

4.2.3　自行车高速公路交通枢纽规划原则

自行车高速公路交通枢纽是指自行车交通与其他交通方式之间客流转换相对集中的场所，对自行车高速公路交通枢纽的合理布设、规划是提高自行车高速公路使用效率和解决出行换乘问题的重要步骤。自行车高速公路交通枢纽一般是区域内的集散点，主要是完成自行车的停车换乘功能，如自行车与公交车的换乘场所、自行车与大容量捷运交通的换乘场所及多条自行车高速公路交汇的服务站等。合理的自行车高速公路交通枢纽规划对改善城市交通系统、优化出行结构和解决换乘问题具有重要意义。自行车高速公路服务区总体规划流程如图 4.3 所示。

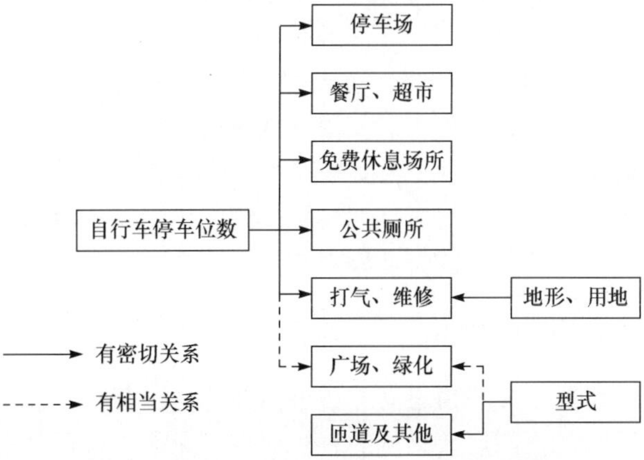

图 4.3　自行车高速公路服务区总体规划流程

4.3　自行车高速公路线网的规划方法

本节将从“点”、“线”和“面”的角度进行分析，以自行车高速公路的交通特征及线网结构为切入点，确定线网规划设计方法。

4.3.1　自行车高速公路的交通特征

自行车高速公路是现今各个发达国家可持续交通从“四轮”到“两轮”的回归转型，有许多显著的特征，主要包括时空性、稳定性、安全性和舒适性。

(1) 自行车高速公路的时空性。无论是从静止状态还是从行驶状态来看，自行车的占地面积远小于机动车。自行车相对机动车而言，是一种对道路使用效率较高的交通工具。自行车交通的主要优点就是方便、灵活、自主性高及对道路的适应性强。自行车交通不但是门到门的交通，短距离出行，不需要换乘，而且是15km 以上中长距离出行者的交通工具。传统自行车的平均出行距离在 5.0km 以内，而现今自行车高速公路的线路设计可将自行车的出行距离延长至 5～15km，甚至超过 30km，大大增强了自行车出行的竞争力。

(2) 自行车高速公路的稳定性。自行车运行时处于动态平衡状态，当其速度发生剧烈的变化或受到外力的横向干扰时，很容易失去动态平衡或改变行驶状态。尤其是在非封闭的自行车高速公路的道路环境下，由于恶劣天气，如在冰雪覆盖的路面上，自行车的稳定性远小于机动车。因此，在高速行驶过程中，自行车的稳定性较差。

(3) 自行车高速公路的安全性。由于骑行者水平的差异，当其在高密度、高速度的车流中行驶时，相互间容易发生碰撞；或在无硬隔离的自行车高速公路上与机动车并排行驶时，骑行者在心理上受到来自机动车的横向压力，易发生误操作而导致交通事故[45]。因此，自行车高速公路的安全性不高。

(4) 自行车高速公路的舒适性。受骑行者体力的限制，在坡度较大、地形复杂的自行车高速公路地区，自行车的使用受到极大的限制。由于自行车没有像机动车驾驶室那样的防护设备，所以其受气候条件及季节变化影响较大，在风、雪、雨、雾等恶劣气象条件下，自行车高速公路的使用也受到一定的限制。因此，在极端天气下，自行车高速公路的舒适性不高。

4.3.2　自行车高速公路的架构体系

自行车交通最终要形成城市之间、城市内部的自行车高速公路网。城市内部的自行车高速公路网及不同层次路网的有机衔接，保证了自行车在城市之间及城市内部各个部分的可达性。

1. 自行车交通网络的层次结构

在低碳交通发展背景下，建立自行车路网是自行车交通能够安全、舒适、高效通行的必然选择。根据自行车交通网络的功能，可以将自行车道路层次划分为四个等级，见表 4.1。

表 4.1　自行车道路等级和需求特征

等级	名称	功能定位	需求分析	道路类型
一级	自行车高速公路	国家自行车通道	自行车长距离出行	自行车专用道和有分隔的自行车车道
二级	自行车快速道	市级自行车通道	自行车主流向交通出行	自行车专用道和有分隔的自行车车道
三级	自行车专用道	市内的主要通道	自行车中、短距离的出行	自行车专用道、有分隔的自行车车道及画线分隔的自行车车道
四级	自行车普通道	生活性道路交通	区内自行车出行的集散	画线分隔的自行车车道和混行的自行车车道

1) 自行车高速公路

自行车高速公路属于一级通道，该层级的自行车车道是联系城市之间的主要通道，承担着大量长距离的自行车交通出行。自行车交通也是国家自行车交通网络的主要骨架。高效的通行需求要求这类道路具备受干扰小、通行速度快、通行能力强、路径方向与主要的通勤交通流一致等特点。

(1) 道路要求：路面平坦宽阔，专门用于骑行。

(2) 路口要求：虽然线路两边不是全封闭的，但因为全程没有交叉口，所以不用设置红绿灯。

(3) 速度要求：在自行车高速公路中，自行车运行速度要求为 20km/h 以上。

2) 自行车快速道

自行车快速道属于二级通道，是全市性或区域性中联系大型居住区、工作区和市中心的主要通道，承担着大量长距离的自行车交通出行，是城市自行车交通网络的主要骨架[46]。其主要的道路形式包括区域性的自行车专用道和实物隔离的自行车专用道等。

(1) 道路要求：自行车快速道的设置主要依托城市各级中心，进行分离平行或结合设计。对容易造成机非混合、通行效率低的城市快速路或干道，可在道路两侧修建慢车道，与机动车车道完全隔离。

(2) 路口要求：对交通流需要分流、与其他道路交叉较多的次干道或支路，可设置拥有较为完善隔离措施的自行车车道，交叉口进行疏导设置，在方便分流的同时保持道路交通运输效率。

(3) 速度要求：在自行车快速道中，自行车运行速度要求为 15～20km/h。

3) 自行车专用道

自行车专用道属于三级通道，一方面需要与区域性快速道进行联系；另一方面需要满足区域内日常自行车交通的需求。当设置自行车专用道时，在满足居住区、商业服务、公共服务设施、基础设施之间出行联系的同时，应与干道保持畅通，服务居民的中、短距离出行需求。自行车和机动车并行车道如图 4.4 所示。

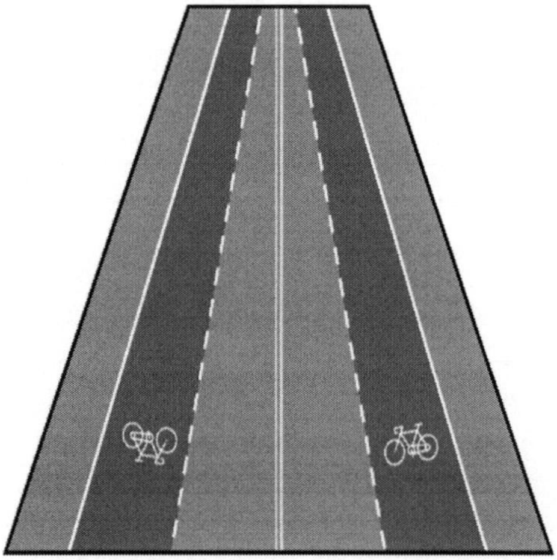

图 4.4　自行车和机动车并行车道示意图

(1) 道路要求：可以在城市次干道、支路的基础上，设置独立的自行车专用道、实物分隔的自行车专用道和画线划分的自行车车道。

(2) 路口要求：有交叉口，要设置红绿灯。

(3) 速度要求：在自行车专用道中，自行车运行速度要求为 10～15km/h。

4) 自行车普通道

自行车普通道(图 4.5)属于四级通道，是自行车交通网络中最基本的组成部分，主要功能是联系住宅、居住区街道、自行车专用道与自行车快速道。由于其为居民提供方便的门对门出行服务，所以这类道路的路网密度比较大，在区域内部特别是生活区内部深入性较好[47]。其出行特点表现为出行速度慢、出行距离短、出行时间分布较广。

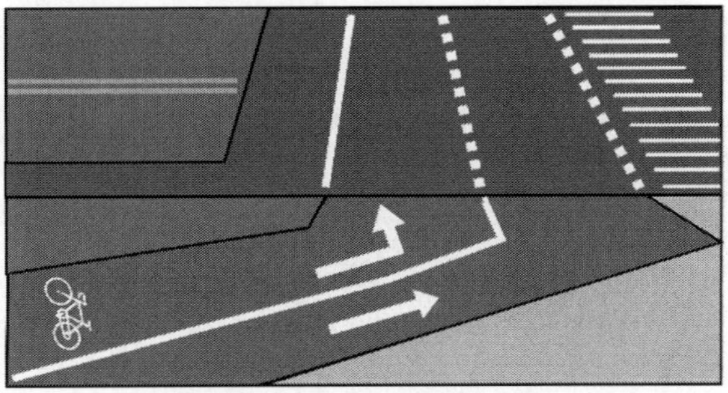

图 4.5　自行车普通道示意图

(1) 道路要求：在道路设置时应结合城市干道、支路、居住区内部道路进行系统的组织。

(2) 路口要求：有交叉口，需要设置红绿灯。

(3) 速度要求：在自行车普通道中，自行车运行速度要求为 10km/h 以下。

2. 自行车高速公路线网规划的基本原则

基于自行车高速公路的基本特征，形成自行车高速公路、自行车快速道、自行车专用道和自行车普通道的有机衔接，保证自行车在城市各个部分的可达性，并使自行车线路形成具有最短行驶距离和最少出行时间，且相对独立的自行车交通网络。

4.3.3 自行车高速公路线网的设计方法

在自行车高速公路系统中，不同的应用场景对应不同的自行车高速公路线网布局，包括自行车高速公路的整体建造形式、自行车车道的断面设计及交叉口设计等。下面根据具体的功能定位，介绍不同的自行车高速公路线网的布局形计。

1. 自行车高速公路的道路形式

在自行车高速公路系统中，自行车高速公路主要由自行车专用道和机动车车道组成。根据自行车车道与机动车车道的位置关系不同，自行车高速公路按其布局形式分为平面立体交叉式、路堤式、路堑式、高架式和隧道式。

(1) 平面立体交叉式。平面立体交叉式(图 4.6)是自行车车道与机动车车道及两侧建筑地坪基本位于同一平面层次，是通过标识标线或隔离栏杆与机动车车道隔离且与机动车车道平行的或相邻的自行车车道。

(2) 路堤式。路堤式(图 4.7)是在地面以上铺设路基和路面，路堤作为自行车车道，两侧或一侧修建机动车车道，自行车车道与机动车车道通过简易上下匝道联系。

图 4.6　自行车高速公路的平面立体交叉式

图 4.7　自行车高速公路的路堤式

(3) 路堑式。路堑式(图 4.8)是在地面以下开挖路堑修建自行车车道，地面两侧或一侧修建机动车车道，自行车车道与机动车车道通过上下匝道联系[48]。

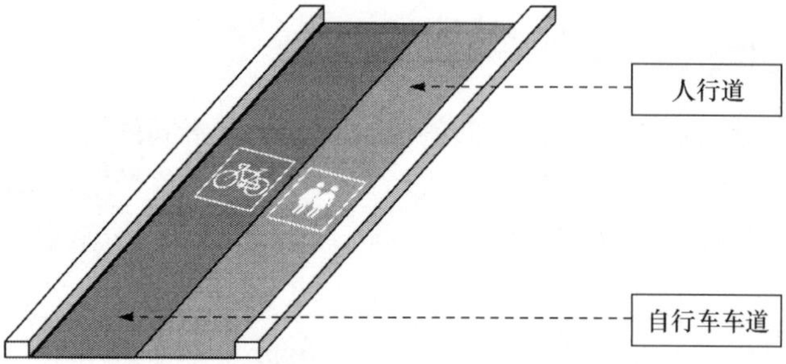

图 4.8　自行车高速公路的路堑式

(4) 高架式。高架式(图 4.9)是在地面以上修建高架桥，高架桥上空间作为自行车车道，高架桥下面或两侧修建机动车车道，通过上下匝道桥连接。

(5) 隧道式。隧道式(图 4.10)是在地面道路以下开挖修建隧道作为自行车车道，地面道路作为机动车车道，一般通过立交或与地面机动车车道的交织实现与其他城市道路的联系，保持顺利通行[49]。

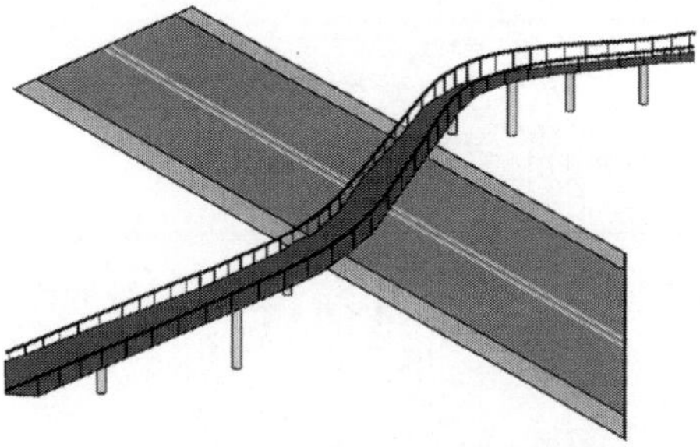

图 4.9　自行车高速公路的高架式

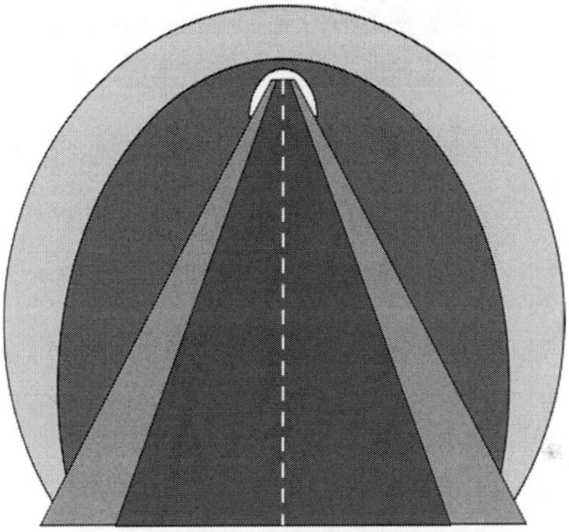

图 4.10　自行车高速公路的隧道式

2. 自行车高速公路的车道设置

在自行车高速公路系统中，规范规定自行车车道路面宽度应按车道数的倍数计算，车道数应按自行车高峰小时交通量确定。自行车车道宽度界定准则有以下两个。

1) 自行车车道宽度界定准则一

假设自行车车道每条车道宽度宜为 1m，靠近人行道的和靠近分隔带的车道侧向净空宽度应加 0.25m，则自行车车道宽度界定准则[50]如下。

(1) 单一自行车车道：车道宽度界定为 1.5m。

(2) 两条自行车车道：车道宽度界定为 2.5m。

(3) 三条自行车车道：车道宽度界定为 3.5m。

(4) 四条自行车车道：车道宽度界定为 4.5m。

(5) 四条以上自行车车道：车道宽度以此类推。

2) 自行车车道宽度界定准则二

自行车车把宽度为 0.5m 左右，正常情况下自行车行驶的摆动宽度约为 0.4m，一条自行车带的宽度常取 b=1m，如图 4.11 所示[51]。自行车距路缘石或墙壁的安全距离平均为 c=0.5m。所以，自行车车道宽度的函数关系式为

$$B = n \times b + c \tag{4.1}$$

其中，

n——自行车车道条数；

b——自行车带的宽度，m；

c——自行车距路缘石或墙壁的安全距离，m。

图 4.11　自行车骑行净空要求示意图

3. 自行车高速公路的隔离方式

自行车高速公路车道的隔离方式必须满足两方面功能：一方面，保证自行车在自行车车道行驶时享有优先路权，保障自行车行驶的安全性；另一方面，禁止行人、社会车辆及公交车辆驶入自行车车道。基于以上两方面功能，自行车高速公路的隔离方式可分为画线隔离、物理隔离和空间隔离。

1) 画线隔离

在自行车高速公路系统中，画线隔离即利用交通标线隔离自行车车道与机动车车道。一般情况下可只标记非机动车图案，而不标记文字，如图 4.12 所示[52]，除特殊点段外，该车道为非机动车车道，机动车不得进入。

自行车车道标识图由白色图标及白色虚线组成，一般设置在该车道的起点及各交叉口适当位置，如图 4.13 所示。标识面板上箭头方向应向下正对车道，在标识无法正对车道时必须对箭头方向进行调整，使箭头指向车道。

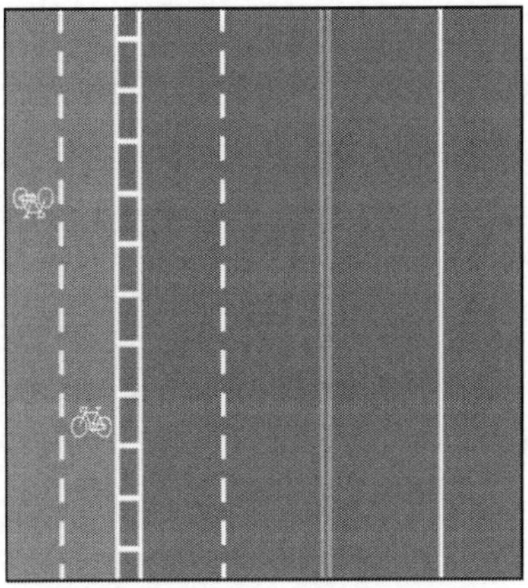

图 4.12　西雅图街道的画线隔离示意图

图 4.13　自行车车道标识图

2) 物理隔离

在自行车高速公路系统中,物理隔离即利用物理设施对自行车车道进行隔离,可以采用分隔带、路缘石、栏杆等隔离设施配以绿化带进行隔离，或者在路面上设置橡胶道钉来隔离。

物理隔离一：绿化带隔离。在自行车高速公路系统中，绿化带隔离通常在城市道路中采用，利用低矮的绿色灌木隔离机动车与非机动车或机动车与行人。

物理隔离二：栏杆隔离。在自行车高速公路系统中，通常采用金属质地的材料制成管状形式，以此隔离机动车与非机动车。这种隔离方式占用道路资源少。

3) 空间隔离

在自行车高速公路系统中，空间隔离就是在原有机动车与非机动车的共用道路面板上，把自行车车道通过道路沥青或混凝土铺筑提升一定高度，以达到纵向上的隔离。这种方法在不设置任何横向物理隔离的方法时，可以很好地将机动车与自行车隔离，防止机动车侵占自行车车道空间，有效地保障了自行车的专用路权，并保护自行车在自行车高速公路上安全迅速的行驶，如图 4.14 所示。

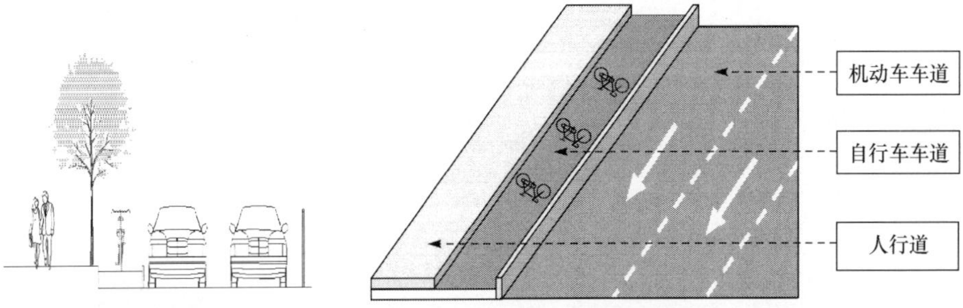

(a) 剖面图　(b) 立体图

图 4.14　自行车车道空间隔离示意图

在进行自行车专用道设计时，自行车专用道的功能定位不同，往往导致其设计车速不同，而设计车速直接制约了道路线型的设计。转弯角度、直线距离等都会随着设计车速的变化而变化。此时，应为自行车专用道设置安全、照明、遮阴等设施，以保证自行车在各种环境下的正常出行。

4.4 小　结

自行车具有人力驱动、无废气排放、噪声低、振动小的环保优势，而机动车虽然提高了出行效率，但是带来了一系列问题，如大气污染、噪声污染、振动污染等。人们不仅追求出行的便利、高效率，也追求健康舒适的生活环境，这让自行车交通有了存在的空间。因此，在自行车高速公路系统中，自行车高速公路的建设不能孤立地进行规划，也不能将所有相关因素杂乱地放在一起，而要科学合理地进行系统规划。

自行车高速公路规划方法是一个复杂的问题，涉及自行车交通的政策、规划、管理以及控制等多个方面，所以解决自行车高速公路规划问题也需要从多方面入手。首先，在宏观上，在政策制定时可以提倡大力发展自行车交通，鼓励建设自行车高速公路，把自行车交通和机动车交通并列考虑；其次，在中观上，在城市规划时可以设计自行车专用道路系统，实现机非分流，减少自行车出行的不便，提高自行车出行安全性；最后，在微观上，在控制管理时可以设计自行车交通设施，合理管控自行车交通，提高自行车交通系统的服务水平和出行效率。

第 5 章　自行车高速公路的客流预测方法

自行车尺寸小、质量轻、操作简单，因此可以灵活出行，适应不同的道路和交通条件。自行车交通是以自行车为交通工具的出行方式，属于慢行交通系统。根据交通工程学理论，客流就是道路上的行人或运行的车辆构成的行人流或车流，行人流和车流统称为客流。机动车车流以外的车流全部统称为非机动车车流。本章研究非机动车车流中自行车高速公路客流的预测问题，提出自行车高速公路的客流预测方法。

5.1　自行车高速公路的客流特性

本节在分析自行车高速公路主要特性的基础上，给出自行车高速公路客流参数的基本定义，解析自行车高速公路的客流特性，研究自行车高速公路的客流变化规律。

5.1.1　自行车高速公路客流的基本特性

在自行车高速公路的客流预测中，自行车车流的态势与机动车车流的态势相比有着根本差别：机动车呈直线、成队列形式前进，行动受到前车的严格限制，不可能随意穿插；而自行车由于自身的灵活性，加上车身狭窄，在道路上行驶时前后车之间可以任意穿插、绕越，往往形成成群成团行驶的状态。因此，自行车高速公路客流的基本特性主要体现在自行车的速度和自行车的密度两个方面。

(1) 自行车的速度。以自行车为工具的出行方式，行驶速度与道路条件，交通状况，骑行者的体力、心情、意志及天气和环境等因素密切相关。我国自行车车道设计速度为 30km/h，美国自行车车道设计速度为 32km/h，丹麦自行车车道设计速度为 40km/h，德国自行车车道设计速度为 45km/h[53-55]，荷兰自行车车道设计速度为 45km/h，英国自行车车道设计速度为 50km/h，法国自行车车道设计速度为 50km/h。城市街道上自行车的速度变化不大，主要是交叉口要减速停车；在自行车高速公路上，自行车可以稳定地高速行驶，无论是路段上或是交叉口引道上都能较快地完成自我调节，因此自行车高速公路客流具有较大的灵活性与可压缩性。

(2) 自行车的密度。一般自行车的外廓最大尺寸为：长 2.0m，宽 0.6m。在路段上正常行驶时，自行车一般占用道路面积为 4～10m^2/辆，密度为 0.1～0.25 辆/m^2，但在交叉口停车线前拥挤堵塞时，其密度很大，观测的自行车密度平均值为 0.63 辆/m²。根据国内外研究成果[56-58]，自行车在不同的速度下占用道路面积如表 5.1 所示。

表 5.1　自行车在不同的速度下占用道路面积

自行车速度/(km/h)	5	10	12	15	20	25	30
占用道路面积/(m²/辆)	4.1	5.2	6.2	8.1	10	12	16

5.1.2　自行车高速公路客流的宏观特性

在自行车高速公路的客流预测中，自行车高速公路客流区别于机动车车流。自行车高速公路客流具有速度慢、稳定性差、集群性以及机动性和灵活性等特点，其中以自行车高速公路客流的集群性最为突出。由于自行车的集群性也属于宏观客流特性，所以针对自行车群的定义及其特性，可以进行定量研究。

1. 自行车高速公路客流的基本参数

在自行车高速公路的客流预测中，自行车高速公路客流运行状态特征称为自行车高速公路客流特性，用以描述客流特性的一些物理量称为自行车高速公路客流参数，该参数的变化规律反映了自行车高速公路客流的基本性质。自行车高速公路客流也是客流的一种，当然也有表征其特点的基本参数。在自行车高速公路系统中，自行车高速公路的客流、车辆速度和车辆密集度，称为客流的三要素，即三参数，而且三参数本身及三参数之间也具有一定的特性。

1) 自行车高速公路的客流

在自行车高速公路的客流预测中，自行车在自行车高速公路上行驶时，自行车车流和道路等级、路幅宽度等因素有关。由于自行车车道的宽度往往是不同的，为了使不同的自行车车道宽度下的自行车车流具有可比性，按照机动车车流的定义，给自行车车流定义如下。

(1) 自行车车流的基本定义：在自行车高速公路的客流预测中，自行车车流就是单位时间内通过道路某一点或某一断面的单位面积上的自行车实体数，单位是辆/(h · m²)或辆/(s · m²)。

(2) 自行车车流的量化函数：在自行车高速公路系统中，将不足 1h 的观测时间(如 5min、15min)观测到的自行车交通量换算为 1h 的自行车数，称为当量小时流率，简称流率。在自行车高速公路的客流预测中，自行车车流的流率函数为

$$\mu = \frac{60}{t} n_t \tag{5.1}$$

其中，

μ——自行车的流率，辆/min；

t——观测时间，min；

n_t——t 分钟内观测到的自行车数，辆。

2) 自行车高速公路的车辆速度

在自行车高速公路系统中，自行车车流的速度与机动车车流的速度定义一样，除了数值，没有大的区别，本章沿用机动车对速度的界定来定义自行车高速公路的车辆速度。自行车高速公路的车辆速度主要包括瞬时速度和平均速度。

(1) 瞬时速度。在自行车高速公路的客流预测中，自行车瞬时速度也称为即时速度，即自行车通过道路某一点时的即时速度，函数关系式为

$$v_t = \frac{x_2 - x_1}{t_2 - t_1} \tag{5.2}$$

其中，

v_t——自行车高速公路的瞬时速度，m/s；

x_1 和 x_2——时刻 t_1 和 t_2 的车辆位置，m。

(2) 平均速度。在自行车高速公路的客流预测中，平均速度包括时间平均速度和区间平均速度。

① 时间平均速度。在自行车高速公路的客流预测中，时间平均速度 $\overline{v_t}$ 是观测时间内通过道路某断面所有车辆地点速度的算术平均值，即

$$\overline{v_t} = \frac{1}{N}\sum_{i=1}^{N} v_i \tag{5.3}$$

其中，

v_i——第 i 辆自行车的运行速度，m/s；

N——观测的自行车数，辆。

② 区间平均速度。在自行车高速公路的客流预测中，区间平均速度是指车辆行驶一定距离与该距离对应的平均行驶时间的比值[59]，即

$$\overline{v_s} = D_i\left(\frac{1}{N}\sum_{i=1}^{N} t_i\right)^{-1} \tag{5.4}$$

其中，

$\overline{v_s}$——自行车高速公路的区间平均速度，m/s；

$\overline{v_s}$——自行车运行的平均速度，m/s；

D_i——第 i 辆自行车行驶距离，m；

t_i——第 i 辆自行车行驶距离所用的行驶时间，s。

3) 自行车高速公路的车辆密集度

在自行车高速公路的客流预测中，自行车车流与机动车车流类似，所以自行车高速公路客流的车辆密集度也从时空两个方面进行定义。本章从时空两个方面，界定自行车高速公路的占有率和密度。

(1) 占有率。在自行车高速公路的客流预测中，占有率也是车辆的时间密集度，是指在一定的观测时间内，车辆通过检测器时所占用的时间与观测总时间的比值，即

$$k_t = \frac{t_1}{t_2} \tag{5.5}$$

其中，

k_t——自行车高速公路的车辆占有率；

t_1——车辆通过检测器时所占用的时间，s；

t_2——车辆通过检测器时观测总时间，s。

采集方法：自行车车流实际数据采用视频检测器获得。

数据特征：在路段上模拟检测器进行观测的过程中，自行车体积较小并具有叠加的特性，使得获得的自行车车流数据误差较大。

(2) 密度。在自行车高速公路的客流预测中，由于自行车没有固定的行驶轨迹，且自行车车道的宽度差别较大，所以将密度定义为某一瞬间(t 时刻)单位面积上存在的自行车数[60]，即

$$\rho_t = \frac{N}{LW} \tag{5.6}$$

其中，

ρ_t——t 时刻自行车高速公路的车辆密度，辆/m^2；

N——观测路段某一瞬间存在的自行车数，辆；

L——观测路段长度，m；

W——观测自行车车道的宽度，m。

在自行车高速公路的客流预测中，自行车高速公路的车辆密度可以通过沿路段长度调查法即根据航拍照片来获得,根据照片上获得的距离和车辆数计算得出。

2. 自行车高速公路客流的参数统计

在自行车高速公路系统中，自行车车流的观测方法与机动车车流相同，根据观测的数据可以分析自行车车流的时空分布特性，为解决交通问题提供依据。

1) 自行车高速公路客流的饱和流率定义

在自行车高速公路的客流预测中，自行车高速公路客流的饱和流率就是单位时间内单位宽度的自行车车道饱和释放的自行车实体数[61]，即

$$S_b = \frac{N_b}{\Delta t W_b} \tag{5.7}$$

其中，

S_b——自行车高速公路客流的饱和流率，辆/(s · m)；

N_b——自行车以饱和状态通过的数量，辆；

Δt——自行车以饱和状态通过 N_b 辆自行车所用的时间，s；

W_b——自行车车道的宽度，m。

2) 自行车高速公路客流的饱和流率检测方法

在自行车高速公路系统中，自行车高速公路客流的饱和流率可以通过实测得到。自行车高速公路客流的饱和流率同样可以参照与机动车相同的方法进行观测，不同的时间内和不同的道路交通条件下，自行车高速公路客流的饱和流率是不一样的。因此，自行车高速公路客流的饱和流率是自行车高速公路客流特性中非常重要的参数之一。

采集方法：自行车高速公路客流的饱和流率采用视频检测器获得的实际数据求得。

数据特征：在路段上模拟检测器进行观测的过程中，自行车体积较小并具有叠加的特性，使得获得的自行车数据误差较大。

5.2　自行车高速公路的客流预测模型

在自行车高速公路的客流预测方法研究中，给出自行车高速公路的客流预测流程，如图 5.1 所示。本节主要利用不确定性数学方法(如多元回归客流预测模型、指数平滑预测模型、马尔可夫链模糊预测模型、灰色数列预测模型等)，构建自行车高速公路的客流预测模型。

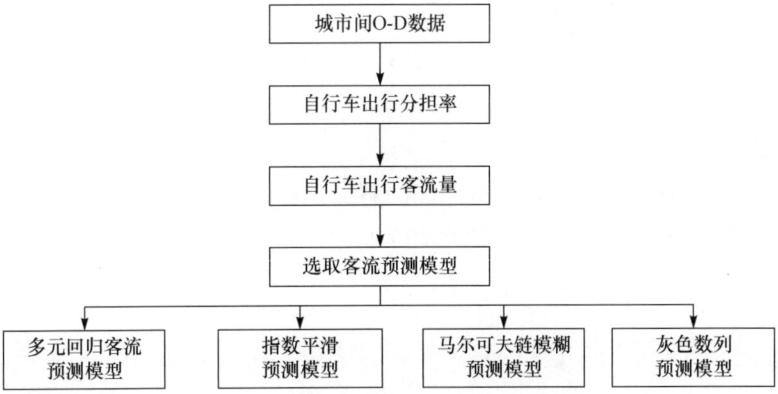

图 5.1　自行车高速公路的客流预测流程

图 5.1 中以城市间 O-D 数据为依托，计算自行车出行分担率(选择自行车出行的次数与总出行次数的比值)，得出自行车出行客流量。基于以上自行车出行客流的历史数据，采用自行车高速公路的客流预测模型，对自行车出行客流进行有效预测。

5.2.1　自行车高速公路客流的多元回归客流预测模型

数学中的回归分析法是研究变量与变量之间相互关系的一种数理统计方法。在自行车高速公路客流预测中，人口 O-D 出行总量以及自行车出行分担率决定了自行车高速公路的客流量；而城市土地开发情况，以及自行车与公共交通方式接驳的便利性等因素决定了自行车出行分担率。因此，自行车高速公路的客流预测涉及众多的因素，可以通过建立多元线性回归客流预测模型来预测自行车高速公路的客流量，并在不确定自行车高速公路的客流量与各个影响因素之间的函数关系时，构建多元线性回归客流预测模型，实现自行车高速公路的客流预测。

1. 自行车高速公路的多元线性回归客流预测模型

在自行车高速公路的客流预测中，自行车高速公路的多元线性回归客流预测模型，主要是假设已经确定出可能影响客流量 y 的 k 个影响因子 $x_1, x_2,\cdots, x_k$，则建立如下 k 元线性实际回归模型[62]：

$$y = \beta_0 + \beta_1 x_1 + \beta_2 x_2 + \cdots + \beta_k x_k + \mu$$

其中，

β_0——自行车高速公路的截距项；

β_j——自行车高速公路的回归系数($j = 1, 2,\cdots, k$)；

μ——自行车高速公路的随机误差项。

因此，对于 n 组样本观测值的第 i 组($y_{ij}; x_{i1}, x_{i2},\cdots, x_{ik}$)，自行车高速公路的多元线性回归客流预测模型为

$$y_i = \beta_0 + \beta_1 x_{i1} + \beta_2 x_{i2} + \cdots + \beta_k x_{ik} + \mu_i \tag{5.8}$$

在自行车高速公路的客流预测中，式(5.8)中对随机误差项 μ_i 有假定：零均值、同方差、不相关和服从正态分布，且 $i = 1, 2,\cdots, n$。

为了简化计算，在自行车高速公路的客流预测中，自行车高速公路的多元回归采用多元线性回归客流预测模型的矩阵形式：

$$Y = XB + U \tag{5.9}$$

其中，

$$Y=\begin{bmatrix} y_1 \\ y_2 \\ \vdots \\ y_n \end{bmatrix},\quad X=\begin{bmatrix} 1 & x_{11} & x_{12} & \cdots & x_{1k} \\ 1 & x_{21} & x_{22} & \cdots & x_{2k} \\ \vdots & \vdots & \vdots & & \vdots \\ 1 & x_{n1} & x_{n2} & \cdots & x_{nk} \end{bmatrix},\quad B=\begin{bmatrix} \beta_0 \\ \beta_1 \\ \vdots \\ \beta_k \end{bmatrix}$$

1) 自行车高速公路客流预测的参数估计

在自行车高速公路的客流预测中，自行车高速公路的多元线性回归客流预测模型的参数估计，根据最小二乘法原理，可得

$$\hat{B}=\begin{bmatrix} \hat{\beta}_0 & \hat{\beta}_1 & \cdots & \hat{\beta}_k \end{bmatrix}^{\mathrm{T}}=\left(X^{\mathrm{T}}X\right)^{-1}X^{\mathrm{T}}Y \tag{5.10}$$

则有

$$\hat{Y}=X\hat{B}$$

在自行车高速公路系统中，自行车高速公路的多元线性回归客流预测模型参数的估计误差就是

$$Y-\hat{Y}=\{e\}=\begin{bmatrix} e_1 & e_2 & \cdots & e_n \end{bmatrix}^{\mathrm{T}}$$

其中，

$\{e\}$——随机误差项 μ 的估计值(或称残差)。

2) 自行车高速公路客流预测的参数检验

在自行车高速公路的客流预测中，自行车高速公路的多元线性回归客流预测模型的参数检验主要包括两个方面：F-检验和 t-检验[63,64]。

(1) 自行车高速公路客流预测的参数检验的 F-检验。F-检验又称为回归方程的显著性检验，用于检验预测模型的总体线性关系的显著性。在自行车高速公路系统中，自行车高速公路客流预测的参数检验的 F-检验构造联合假设：

$$H_0:\beta_1=\beta_2=\cdots=\beta_k=0$$

$$H_1:\exists\beta_j=0,\quad j=1,2,\cdots,k$$

假设 RSS 为残差平方和(residual sum of square)，ESS 为回归平方和(explained sum of square)，则与此假设有关的 F-统计量为

$$F=\frac{\mathrm{ESS}/k}{\mathrm{RSS}/\left(n-k-1\right)} \tag{5.11}$$

这样，当给定 α 时，其拒绝域就是 $F>F\left(k,n-k-1\right)$。

(2) 自行车高速公路客流预测的参数检验的 t-检验。t-检验又称为回归系数的显著性检验，用于检验自变量和因变量之间的线性假设是否符合检验假设。在自行车高速公路系统中，自行车高速公路客流预测的参数检验的 t-检验构造联合假设：

$$H_0 : \beta_j = 0$$

$$H_1 : \beta_j \neq 0, \quad j = 1, 2, \cdots, k$$

在自行车高速公路系统中，与此假设有关的 t-统计量为

$$t = \frac{\hat{\beta}_j}{\sqrt{\widehat{\mathrm{V}}\mathrm{ar}\left(\hat{\beta}_j\right)}} \tag{5.12}$$

这样，当给定 α 时，其拒绝域就是 $|t| > t_{\alpha/2}\left(k, n-k-1\right)$。

3) 自行车高速公路的多元线性回归客流预测模型

在完成自行车高速公路客流预测模型的参数估计和参数检验以后，若确认回归模型是有意义的，则可以用它进行预测。当然这里所指的预测，不仅是给出客流预测值，而且要分析包含未来实际发生值的预测置信区间。

在自行车高速公路系统中，自行车高速公路客流预测的置信水平为 $100(1-\alpha)\%$ 的多元线性回归客流预测模型的预测区间为[65]

$$\hat{y}_0 - t_{\alpha/2}\left(n-k-1\right)\hat{\sigma}_0 \leqslant y_0 \leqslant \hat{y}_0 + t_{\alpha/2}\left(n-k-1\right)\hat{\sigma}_0 \tag{5.13}$$

其中，$\hat{\sigma}_0^2 = \left[1 + X_0\left(X^{\mathrm{T}}X\right)^{-1}X_0\right]\hat{\sigma}$。

当自行车高速公路预测客流量的变化趋势是线性的，也就是说自行车高速公路的客流量和影响因子之间存在一个较强的线性相关关系时，可以用一条直线去拟合这个趋势，并通过最小二乘法估计参数来确定最终模型，即自行车高速公路的多元线性回归客流预测模型。

2. 自行车高速公路的非线性回归客流预测模型

在自行车高速公路系统中，有些情况下自行车高速公路的客流预测不满足线性条件，因此需要对其进行非线性预测。对自行车高速公路的客流进行非线性预测模型的研究及参数估计，较为有效的方法是寻找一个适当的转换将非线性关系转换成线性关系，也就是将曲线转换为直线的回归问题。

在自行车高速公路系统中，自行车高速公路的三次回归客流预测模型，构建如下[66]：

$$y_{\text{总}} = \beta_0 + \beta_1 x + \beta_2 x^2 + \beta_3 x^3 + \mu \tag{5.14}$$

式(5.14)就是自行车高速公路客流预测的一个三次多项式随机模型，为了提高计算准确性，采用下列转换：

$$x_1^* = x^2, \quad x_2^* = x^3$$

三次多项式随机模型就转换成一个三元线性回归模型：

$$y_{总}=\beta_0+\beta_1 x+\beta_2 x_1^*+\beta_3 x_2^*+u \tag{5.15}$$

如果其他假设满足，就可以用最小二乘法估计有关参数。在进行自行车高速公路客流预测时，因变量 $y_{总}$ 即自行车高速公路的客流量，自变量 x 即影响因子，自变量也可以是向量形式。

1) 自行车高速公路的混合回归客流预测模型

在自行车高速公路系统中，利用三元线性回归模型，构建自行车高速公路的混合回归客流预测模型，基本假设如下：

$$\begin{aligned} y_{平} &= \frac{y_{总}}{x} \\ &= \frac{\beta_0}{x}+\beta_1+\beta_2 x+\beta_3 x^2+\mu' \end{aligned} \tag{5.16}$$

令

$$x_1'=x^{-1},\quad x_2'=x^2$$

自行车高速公路的混合回归客流预测模型为

$$y_{平}=\beta_0+\beta_1 x_1'+\beta_2 x+\beta_3 x_2'+u' \tag{5.17}$$

其中，

$y_{平}$——自行车高速公路的客流量；

x——影响因子。

在自行车高速公路系统中，通过将自行车高速公路的混合回归客流预测模型中的二次函数及反比例函数进行转换，更加方便计算自行车高速公路的预测客流量。

2) 自行车高速公路的反比例回归客流预测模型

自行车高速公路的反比例回归客流预测模型中的前两项就是一般反比例函数，引进部分随机误差，则反比例回归客流预测模型应为

$$y_{固}=\frac{\beta_0}{x}+\beta_1+\mu'' \tag{5.18}$$

从自行车高速公路的反比例回归客流预测模型中可知，当 x 增大时，客流量减小，并以此作为因变量值的下限。在自行车高速公路的反比例回归客流预测模型中，令

$$x^*=x^{-1}$$

有

$$y_{\text{圄}} = \beta_0 + \beta_1 x^* + u'' \tag{5.19}$$

式(5.19)就是一个一元回归模型，即自行车高速公路的反比例回归客流预测模型。

在自行车高速公路的客流预测过程中，各个影响因素与自行车客流量之间的关系不同，因此根据不同的变化影响，可以分别按照以上三种非线性回归客流预测模型进行建模，最终进行组合，得到自行车高速公路的客流预测综合模型。

5.2.2　自行车高速公路客流的指数平滑预测模型

在自行车高速公路系统中，在建立自行车高速公路客流的指数平滑预测模型之前，要界定自行车高速公路客流移动平均预测的概念，然后利用统计学方法分别建立自行车高速公路客流的移动平均预测模型和指数平滑预测模型。

1. 自行车高速公路客流的移动平均预测模型

数学中的移动平均法是一种最简单的适应模型。例如，对某一具体预测目标，以时间为序，记录了 T 个历史观测数据，表示为 $y_1, y_2, \cdots, y_T$。考虑到近期行为对未来影响比较大，所以选择最近的 N 个观测值的平均值[67]：

$$\begin{aligned} M_T &= \frac{y_T + y_{T-1} + \cdots + y_{T-N+1}}{N} \\ &= \frac{1}{N}\sum_{j=0}^{N-1} y_{T-j} \end{aligned} \tag{5.20}$$

在自行车高速公路系统中，自行车高速公路客流的预测就是要对下一期做出预测。将式(5.20)作为 $T+1$ 期的预测值，即 $\hat{y}_{T+1} = M_T$，这里的 N 称为自行车高速公路的客流预测跨距。

在自行车高速公路的客流预测中，在获得实际观测值 y_{T+1} 后，又可以取序列最近的 N 个观测值的平均值作为第 $T+2$ 期的预测值。如此，在每获得一个最近期的实际观测数据后，即将其计入而舍去最早的一个观测值。如此计算出的新平均值即作为下一期预测值。这种预测方法称为一次移动平均法。

1) 自行车高速公路客流的移动几何平均预测模型

自行车高速公路客流的移动几何平均预测模型，就是自行车高速公路客流的预测模型将第 T 期的 N 项移动几何平均作为第 $T+1$ 期的预测值，即

$$\begin{aligned} \hat{y}_{T+1} &= M_T \\ &= \sqrt[N]{y_T y_{T-1} \cdots y_{T-N+1}} \end{aligned} \tag{5.21}$$

2) 自行车高速公路客流的加权移动平均预测模型

由于近期的信息要比远期的信息影响趋势变化重要得多，所以可以采用加权移动平均法。在自行车高速公路系统中，自行车高速公路客流的加权移动平均预测模型就是 $w_1, w_2,\cdots, w_N$ 分别作为观察值 $y_T, y_{T-1},\cdots, y_{T-N+1}$ 的权重系数，算出第 T 期的加权平均数，作为第 T+1 期的预测值[68]，即

$$\begin{aligned}\hat{y}_{T+1} &= M_T \\ &= \frac{w_1 y_T + w_2 y_{T-1} + \cdots + w_N y_{T-N+1}}{w_1 + w_2 + \cdots + w_N}\end{aligned} \tag{5.22}$$

3) 自行车高速公路客流的二次移动平均预测模型

二次移动平均法，就是以一次移动平均值为基础数据再进行一次移动平均。如果将一次移动平均值标记为 $M_T^{(1)}$，则相应的二次移动平均值 $M_T^{(2)}$ 就记为

$$M_T^{(2)} = \frac{M_T^{(1)} + M_{T-1}^{(1)} + \cdots + M_{T-N+1}^{(1)}}{N} \tag{5.23}$$

记

$$\begin{cases} a_T = 2M_T^{(1)} - M_T^{(2)} \\ b_T = \dfrac{2}{N-1}\left(M_T^{(1)} - M_T^{(2)}\right) \end{cases} \tag{5.24}$$

自行车高速公路客流的二次移动平均预测模型，就是第 T+K 期的预测值：

$$\hat{y}_{T+K} = a_T + b_T K \tag{5.25}$$

这样的预测方法就称为二次移动平均预测法，即自行车高速公路客流的二次移动平均预测模型。

2. 自行车高速公路客流的指数平滑预测模型

数学中的指数平滑预测法，可以分为一次指数平滑预测法和二次指数平滑预测法两种。其中，一次指数平滑预测法建立在一次移动平均法的基础上，二次指数平滑预测法建立在二次移动平均法的基础上。当预测趋势较为明显时，只需进行一次指数平滑预测即可；而当预测趋势不明显时，则要进行二次指数平滑预测。在自行车高速公路的客流预测中，针对不同情况下的自行车高速公路客流预测，基于历史数据分别构建自行车高速公路客流的一次指数平滑预测模型和二次指数平滑预测模型。

1) 自行车高速公路客流的一次指数平滑预测模型

在自行车高速公路的客流预测中，使用移动平均值 M_T 作为第 T+1 期的预测

值 $\hat{y}_{T+1}$，计算一个加权平均值；对于最近的 N 个观测值赋予等权 $1/N$，而对于从前的所有观测数据，给予的权重系数为零。在自行车高速公路的客流预测中，比较公平的原则应是：靠近预测期的观测值，应持有较大的权重系数；而远离预测期的预测值，N 个观测值的权重系数应逐渐变小[69,70]。

在自行车高速公路的客流预测中，假设已经有第 T 期前若干期(甚至是无穷多)的自行车高速公路客流观测资料：$\cdots, y_{T-j}, \cdots, y_{T-2}, y_{T-1}, y_T$，则根据公平原则，自行车高速公路的客流预测值是以往所有自行车高速公路客流观测值的加权平均值：

$$\begin{aligned} S_T &= \cdots + w_j y_{T-j} + w_2 y_{T-2} + w_1 y_{T-1} + w_0 y_T \\ &= \sum_{j=0}^{\infty} w_j y_{T-j} \end{aligned} \tag{5.26}$$

其中，

S_T——第 T+1 期的自行车高速公路的客流预测值，即 $\hat{y}_{T+1} = S_T$；

w_j——客流观测值 y_{T-j} 的权重系数。

在自行车高速公路系统中，为了简化以及适用，选择一种指数形式的客流权重系数：

$$w_j = \alpha(1-\alpha)^j, \quad j = 0,1,2\cdots \tag{5.27}$$

其中，$0<\alpha<1$。则在自行车高速公路的客流预测中，计算可得由权重系数所构成的加权平均值为

$$S_T = \sum_{j=0}^{\infty} \alpha(1-\alpha)^j y_{T-1} \tag{5.28}$$

则第 T+1 期的预测值应该是 $\hat{y} = S_T$。式(5.28)为客流一次指数平滑预测模型，即自行车高速公路客流的一次指数平滑预测模型。

在自行车高速公路系统中，自行车高速公路客流的一次指数平滑预测模型更易于为人们所接受，并且它计算比较简单，精确度也高。

2) 自行车高速公路客流的二次指数平滑预测模型

在自行车高速公路的客流预测中，使用二次指数平滑预测模型就可以避免一次移动平均法的局限性。因此，在自行车高速公路的客流预测中，利用二次指数平滑预测模型构建自行车高速公路的客流预测模型。

将自行车高速公路客流的一次指数平滑预测模型，即一次指数平均公式中的 S 加上右上标，改成

$$S_T^{(1)} = \alpha y_T + (1-\alpha) S_{T-1}^{(1)} \tag{5.29}$$

对式(5.29)，即 $S_T^{(1)}$ 再进行一次指数平均，就可得到二次指数平滑值 $S_T^{(2)}$，即

$$S_T^{(2)} = \alpha S_T^{(1)} + \left(1-\alpha\right) S_{T-1}^{(2)} \tag{5.30}$$

在自行车高速公路的客流预测中，自行车高速公路客流的二次指数平滑和移动平均的情况相似，在原序列为线性趋势假定下，对于相同的时间坐标 T，一次指数平滑值也滞后于序列观测值，二次指数平滑值又滞后于一次指数平滑值，且滞后差相等，即

$$y_T - S_T^{(1)} = S_T^{(1)} - S_T^{(2)} \tag{5.31}$$

这样，对于以第 T 期为起点的预测公式，其截距就是

$$a_T = 2S_T^{(1)} - S_T^{(2)} \tag{5.32}$$

在自行车高速公路的客流预测中，为减轻随机干扰影响，规定用比较平滑的二次指数平滑值单位变化率来定义 b_T，即

$$b_T = S_T^{(2)} - S_{T-1}^{(2)} \tag{5.33}$$

为了计算方便，在自行车高速公路的客流预测中，也可用同期的二次指数平滑值来表示 b_T。因为

$$S_T^{(2)} - S_{T-1}^{(2)} = \frac{\alpha}{1-\alpha}\left(S_T^{(1)} - S_T^{(2)}\right) \tag{5.34}$$

所以利用函数关系式：

$$\begin{cases} a_T = 2S_T^{(1)} - S_T^{(2)} \\ b_T = \dfrac{\alpha}{1-\alpha}\left(S_T^{(1)} - S_T^{(2)}\right) \end{cases} \tag{5.35}$$

以第 T 期为起点，研究自行车高速公路的客流预测，其第 $T+K$ 期的公式为

$$\hat{y}_{T+K} = a_T + b_T K \tag{5.36}$$

式(5.36)为自行车高速公路客流的二次指数平滑预测模型，可以有效预测自行车高速公路的客流量。在统计学中还有其他的一些指数平滑预测法，如三次指数平滑法，这种方法是将二次指数平滑值再进行一次指数平滑，求取三次指数平滑值，也可以预测自行车高速公路客流量。

5.2.3　自行车高速公路客流的马尔可夫链模糊预测模型

在进行自行车高速公路客流预测时，考虑到可获得的历史数据有限，同时即使获得历史数据也会存在一些错误现象，因此选择马尔可夫链法与模糊法进行融合，建立了自行车高速公路客流的马尔可夫链模糊预测模型。

1. 自行车高速公路客流的马尔可夫链预测模型

马尔可夫过程的基本概念是研究系统的“状态”及状态的“转移”。从一个状态转移到另一个状态的可能性，称为状态转移概率。所有状态转移概率的排列即转移概率矩阵。在自行车高速公路的客流预测中，马尔可夫分析的基本假定是在进行马尔可夫分析时，预测期系统状态数保持不变；系统状态转移概率矩阵不随时间变化；状态转移仅受前一状态影响，即马尔可夫过程的无后效性[71]。因此，可以根据马尔可夫过程预测自行车高速公路客流，建立自行车高速公路客流的马尔可夫预测模型。

在自行车高速公路的客流预测中，自行车高速公路客流的马尔可夫预测模型的基本步骤如下：首先，确定自行车高速公路客流的状态；其次，确定自行车高速公路客流状态之间的状态转移概率；再次，进行自行车高速公路客流预测；最后，对预测结果进行分析，若结果合理，则可提交预测报告，否则，需检查系统状态及状态转移概率是否正确。

1) 构建自行车高速公路客流的马尔可夫链

在自行车高速公路的客流预测中，对于自行车高速公路客流预测的随机过程$\{x(n)\}$，若考虑取值为整数的随机变量序列$\{x(n), n=0, 1, 2, \cdots\}$，并且对任意的非负整数$t_1<t_2<\cdots<t_r<t$，只要$P\left\{x\left(t_1\right)=i_1, x\left(t_2\right)=i_2, \cdots, x\left(t_r\right)=i_r\right\}>0$，则此随机过程就称为$\{x(n)\}$具有马尔可夫性。该随机变量序列$\{x(n), n=0, 1, 2, \cdots\}$具有非负整数的特性，并具有马尔可夫性的随机特性，称为马尔可夫链。

2) 构建自行车高速公路客流的态势集

在自行车高速公路客流中，令$I=\{i_1, i_2, \cdots, i_r, j, \cdots\}$，同时令$T=\{t_1, t_2, \cdots, t_r, t, \cdots\}$，则可以称在 $t_1, t_2, \cdots, t_r, t, \cdots$时刻中，自行车高速公路的客流状态分别处于状态$i_1, i_2, \cdots, i_r, j, \cdots$，其中将$I$称为客流预测的状态集合。

在自行车高速公路的客流预测中，令$i=0, 1, 2, \cdots$，$j=0, 1, 2, \cdots$，$i, j\in I$，就有$I=\{i\}$，$J=\{j\}$，则i、j均称为自行车高速公路客流预测的状态。

3) 计算自行车高速公路客流的状态转移概率

在自行车高速公路的客流预测中，令

$$P_{ij}=\left(m,k\right)=P\left[x\left(m+k\right)\right],\quad m,k=0,1,2,\cdots \tag{5.37}$$

则称$P_{ij}=\left(m,k\right)$是在m时刻，自行车高速公路客流预测处于状态i，在$m+k$时刻转移到j的状态转移概率。

4) 构建自行车高速公路客流的马尔可夫链预测模型

在自行车高速公路的客流预测中，当自行车高速公路客流预测在$k=0$时的初始状态已知时，经过k次转移后处于自行车高速公路客流预测i的概率为$S_i^{(k)}$，

且有 $\sum_{i=1}^{N} S_i^{(k)} = 1$，$N$ 为系统中互不相容的状态数，则在自行车高速公路系统中，自行车高速公路客流的马尔可夫链预测模型为

$$S_i^{(k)} = \sum_{i=1}^{N} S_i^{(k-1)} P_{ij} \tag{5.38}$$

2. 自行车高速公路客流的马尔可夫链模糊预测模型

在自行车高速公路的客流预测中，马尔可夫链用于预测自行车高速公路的客流虽然具有较好的精确性，但初始条件的微小改变可能导致完全不同的预测结果，因此自行车高速公路客流的马尔可夫链预测模型存在局限性。马尔可夫链通过与模糊法结合，引入自行车高速公路客流的马尔可夫链模糊预测模型来克服马尔可夫链预测模型的局限性。

1) 自行车高速公路客流预测的隶属度

在自行车高速公路的客流预测中，将一个马尔可夫链的随机变量取值范围设为 U，建立 U 上的模糊状态集 $S_1, S_2, \cdots, S_M$，对任意的 $u \in U$，有 $\sum_{m=1}^{M} \mu_{S_m}(u) = 1$，则称 $\mu_{S_m}(u) = 1$ 为数值 U 对模糊状态 S_m 的隶属度[72]，则有

$$a_{ij} = \sum_{k=1}^{n-1} \mu_{S_j}\left(X\left(t_k\right)\right) \cdot \mu_{S_j}\left(X\left(t_{k+1}\right)\right) \tag{5.39}$$

2) 自行车高速公路客流预测的转移频数

在自行车高速公路的客流预测中，定义 $\mu_{S_j}\left(X\left(t_k\right)\right) \cdot \mu_{S_j}\left(X\left(t_{k+1}\right)\right)$ 为时刻 t_k 变为 t_{k+1} 时自行车高速公路客流的状态 S_i 到状态 S_j 的模糊状态转移系数，则称自行车高速公路客流的状态 S_i 到状态 S_j 的转移频数为

$$P_{ij} = \frac{a_{ij}}{\sum_{j=1}^{\infty} a_{ij}} \tag{5.40}$$

3) 自行车高速公路客流的马尔可夫链模糊预测模型

在自行车高速公路的客流预测中，利用式(5.40)构建模糊概率矩阵 $P = \left(P_{ij}\right)_{m \times m}$，则在自行车高速公路系统中 t 时刻的预测值，即自行车高速公路客流的马尔可夫链模糊预测模型为

$$S_i^{(k)} = \left[\mu_{S_1}\left(X(t)\right), \mu_{S_2}\left(X(t)\right), \cdots, \mu_{S_M}\left(X(t)\right)\right] \cdot P \tag{5.41}$$

5.2.4 自行车高速公路客流的灰色数列预测模型

在进行自行车高速公路的客流预测研究时，需要收集原始数据，但是这些原始数据往往没有固定的规律，这时候就需要引入灰色理论进行处理。因此，在自行车高速公路的客流预测中，建立了自行车高速公路客流的灰色数列预测模型。

1. 基于灰色数列的自行车高速公路客流预测模型

自行车高速公路客流预测数据处理，特别是在自行车高速公路客流预测回归分析中，除线性函数外，其他非线性函数必须经过线性化处理后再还原成原函数，这个转换过程需要进行大量运算，容易产生计算上的误差，尤其是在数据不够配合的情况下更是如此[73]。灰色理论在这一点上要优于非线性回归分析，它属于微分方程模型，可以建立自行车高速公路客流的预测模型。所以，在自行车高速公路的客流预测中，利用灰色理论建立自行车高速公路客流的灰色数列预测模型：

$$\frac{\mathrm{d}x^{(1)}}{\mathrm{d}t}ax^{(1)}=u \tag{5.42}$$

$$\hat{x}^{(1)}(k+1)=\left[x^{(0)}(1)\cdot\frac{u}{a}\right]\mathrm{e}^{-ak}+\frac{u}{a} \tag{5.43}$$

在自行车高速公路的客流预测中，自行车高速公路客流的灰色数列预测模型的参数可由最小二乘法求解：

$$\hat{a}=\begin{bmatrix}a\\u\end{bmatrix}=\left(B^{\mathrm{T}}B\right)B^{\mathrm{T}}Y_N \tag{5.44}$$

其中，

$$B=\begin{bmatrix}-\frac{1}{2}\left(x^{(1)}(1)+x^{(1)}(2)\right) & 1\\ -\frac{1}{2}\left(x^{(1)}(2)+x^{(1)}(3)\right) & 1\\ \vdots & \vdots\\ -\frac{1}{2}\left(x^{(1)}(n-1)+x^{(1)}(n)\right) & 1\end{bmatrix} \tag{5.45}$$

$$Y_N=\begin{bmatrix}x^{(0)}(1)\\x^{(0)}(2)\\\vdots\\x^{(0)}(n)\end{bmatrix} \tag{5.46}$$

2. 自行车高速公路客流的灰色数列预测结果分析

在自行车高速公路的客流预测中，对于一个自行车高速公路客流预测数列：

$$x^{(0)}(1), x^{(0)}(2), x^{(0)}(3), \cdots, x^{(0)}(n) \tag{5.47}$$

经过一次自行车高速公路客流的累加变换得

$$x^{(1)}(2), x^{(1)}(3), x^{(1)}(4), \cdots, x^{(1)}(n) \tag{5.48}$$

在自行车高速公路的客流预测中，新的自行车高速公路客流的预测数列为 $n-1$ 个数据，$x^{(0)}(1)$ 作为自行车高速公路客流的灰色数列预测模型中微分方程解的初始值，参数求解公式中的 B 矩阵和 Y_N 矩阵均为自行车高速公路客流预测 $n-1$ 列，所以该方法最终所求的曲线自然通过第一个原始数据点。而对于灰色系统模型 GM(1, n)，对自行车高速公路客流预测描述的白化微分方程为

$$\frac{\mathrm{d}x_1^{(1)}}{\mathrm{d}t} + ax_1^{(1)} = b_1x_2^{(1)} + b_2x_3^{(1)} + \cdots + b_{n-1}x_n^{(1)} \tag{5.49}$$

在自行车高速公路系统中，自行车高速公路客流的预测数列不通过第一个数据点；如果是自行车高速公路客流预测，则需求解自行车高速公路客流预测的微分方程组：

$$\begin{cases} x_1 = a_{11}x_1 + a_{12}x_2 + \cdots + a_{1n}x_n + \mu_1 \\ x_2 = a_{21}x_1 + a_{22}x_2 + \cdots + a_{2n}x_n + \mu_2 \\ \qquad \vdots \\ x_n = a_{n1}x_1 + a_{n2}x_2 + \cdots + a_{nn}x_n + \mu_n \end{cases} \tag{5.50}$$

则在自行车高速公路的客流预测中，自行车高速公路客流的预测数列经过第一个原始数据点。

5.3 数 例 分 析

为了对自行车高速公路客流的预测模型进行验证分析，本节选取某条自行车高速公路上的自行车数量变化量，采用自行车高速公路客流预测的指数平滑法(包括一次指数平滑法、二次指数平滑法、三次指数平滑法)和灰色预测法，通过 MATLAB 仿真软件预测下一阶段自行车数量，并验证各种预测模型的准确性。某条自行车高速公路如图 5.2 所示。

1. 自行车高速公路客流量的假设条件

在自行车高速公路的客流预测中，假设在某条自行车高速公路上的自行车数量变化情况如下：

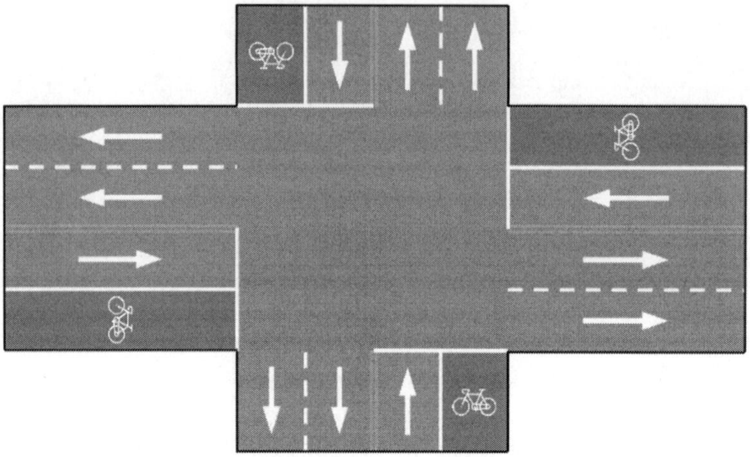

图 5.2　某条自行车高速公路

第一种情况，自行车数量缓慢增多。在自行车高速公路的客流预测中，自行车数量缓慢增多，如表 5.2 所示。

表 5.2　第一种情况，自行车数量缓慢增多

时间	第 1 天	第 2 天	第 3 天	第 4 天	第 5 天	第 6 天	第 7 天	第 8 天	第 9 天	第 10 天	第 11 天
自行车/辆	232	279	266	307	315	335	379	410	435	450	470

第二种情况，自行车数量急剧增多。在自行车高速公路的客流预测中，自行车数量急剧增多，如表 5.3 所示。

表 5.3　第二种情况，自行车数量急剧增多

时间	第 1 天	第 2 天	第 3 天	第 4 天	第 5 天	第 6 天	第 7 天	第 8 天	第 9 天	第 10 天	第 11 天
自行车/辆	23	50	45	80	115	235	279	350	435	532	575

第三种情况，自行车数量波动不大。在自行车高速公路的客流预测中，自行车数量波动不大，如表 5.4 所示。

表 5.4　第三种情况，自行车数量波动不大

时间	第 1 天	第 2 天	第 3 天	第 4 天	第 5 天	第 6 天	第 7 天	第 8 天	第 9 天	第 10 天	第 11 天
自行车/辆	232	279	266	283	256	274	279	263	292	284	272

第四种情况，自行车数量波动较大。在自行车高速公路的客流预测中，自行车数量波动较大(潮汐、季度)，如表 5.5 所示。

表 5.5　第四种情况，自行车数量波动较大(潮汐、季度)

时间	第 1 天	第 2 天	第 3 天	第 4 天	第 5 天	第 6 天	第 7 天	第 8 天	第 9 天	第 10 天	第 11 天	第 12 天
自行车/辆	40	45	50	30	40	130	400	360	170	90	60	50
时间	第 13 天	第 14 天	第 15 天	第 16 天	第 17 天	第 18 天	第 19 天	第 20 天	第 21 天	第 22 天	第 23 天	第 24 天
自行车/辆	80	90	100	120	200	400	300	190	130	90	80	35

第五种情况，自行车数量缓慢减少。在自行车高速公路的客流预测中，自行车数量缓慢减少，如表 5.6 所示。

表 5.6　第五种情况，自行车数量缓慢减少

时间	第 1 天	第 2 天	第 3 天	第 4 天	第 5 天	第 6 天	第 7 天	第 8 天	第 9 天	第 10 天	第 11 天
自行车/辆	545	517	505	475	450	428	386	371	342	325	300

第六种情况，自行车数量急剧减少。在自行车高速公路的客流预测中，自行车数量急剧减少，如表 5.7 所示。

表 5.7　第六种情况，自行车数量急剧减少

时间	第 1 天	第 2 天	第 3 天	第 4 天	第 5 天	第 6 天	第 7 天	第 8 天	第 9 天	第 10 天	第 11 天
自行车/辆	523	450	375	245	180	115	90	79	35	20	20

2. 自行车高速公路客流量的仿真分析

在自行车高速公路的客流预测中，针对自行车高速公路客流量的预测，采用一次指数平滑法、二次指数平滑法、三次指数平滑法和灰色预测法，通过 MATLAB 仿真软件预测下一阶段自行车数量。

1) 第一种情况：自行车数量缓慢增多

在自行车高速公路的客流预测中，采用一次指数平滑法、二次指数平滑法、三次指数平滑法和灰色预测法，通过 MATLAB 预测下一阶段自行车数量。在自行车数量缓慢增多的情况下，自行车高速公路客流量的预测结果如图 5.3 所示。

在自行车高速公路的客流预测中，由图 5.3 可知，无论在 $\alpha\in[0, 1]$内取何值，一次指数平滑法预测结果与实际数据始终差别很大，二次指数平滑法预测结果优于一次指数平滑法，当 $\alpha=0.3$ 时，前期预测结果始终贴合实际数据，但后期预测数据明显偏离实际数据；三次指数平滑法预测结果，在 $\alpha\in[0, 1]$内取值越大越能靠近实际数据，拟合效果优于一次指数平滑法和二次指数平滑法；灰色预测法预测结果最契合实际数据，因此在预测自行车数量缓慢增多情况时，应选用三次指数平滑法和灰色预测法。

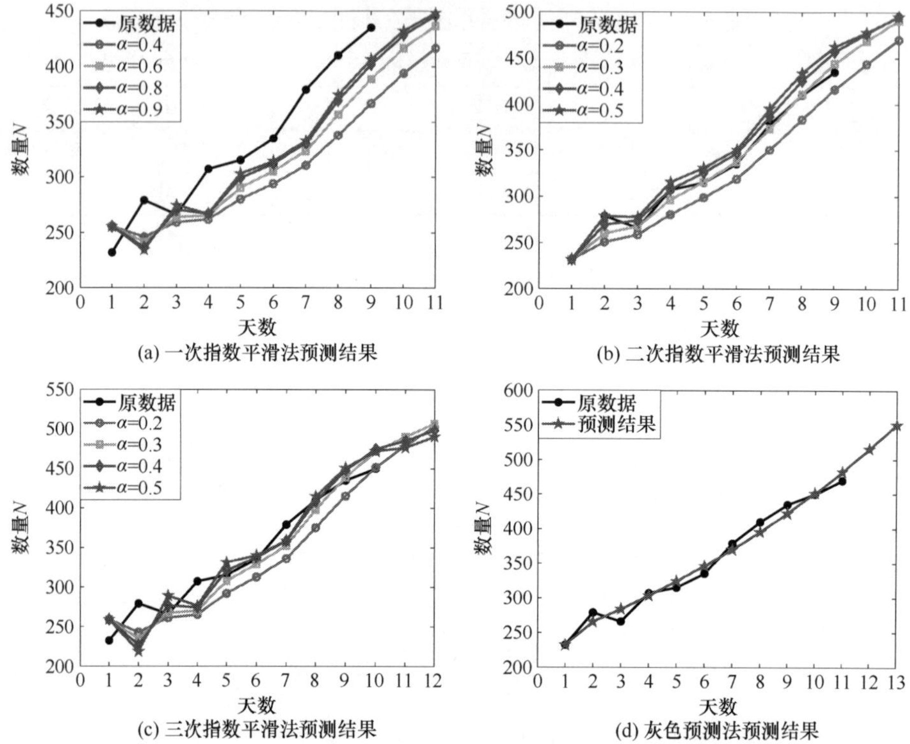

(a) 一次指数平滑法预测结果　(b) 二次指数平滑法预测结果

(c) 三次指数平滑法预测结果　(d) 灰色预测法预测结果

图 5.3　自行车数量缓慢增多情况下的指数平滑法和灰色预测法预测结果

2) 第二种情况：自行车数量急剧增多

在自行车高速公路的客流预测中，采用一次指数平滑法、二次指数平滑法、三次指数平滑法和灰色预测法，通过 MATLAB 预测下一阶段自行车数量。在自行车数量急剧增多情况下，自行车高速公路客流量的预测结果如图 5.4 所示。

3) 第三种情况：自行车数量波动不大

在自行车高速公路的客流预测中，采用一次指数平滑法、二次指数平滑法、

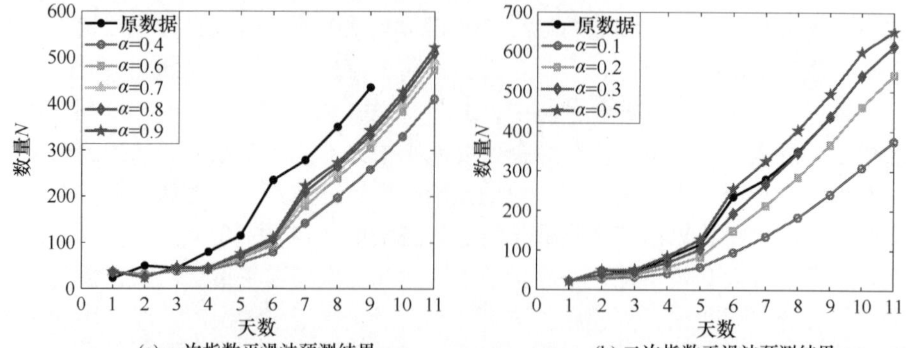

(a) 一次指数平滑法预测结果　(b) 二次指数平滑法预测结果

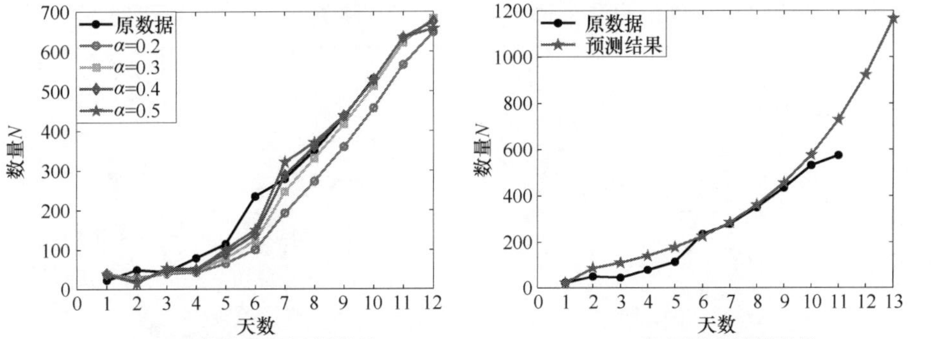

(c) 三次指数平滑法预测结果　(d) 灰色预测法预测结果

图 5.4　自行车数量急剧增多情况下的指数平滑法和灰色预测法预测结果

三次指数平滑法和灰色预测法，通过 MATLAB 预测下一阶段自行车数量。在自行车数量波动不大情况下，自行车高速公路客流量的预测结果如图 5.5 所示。

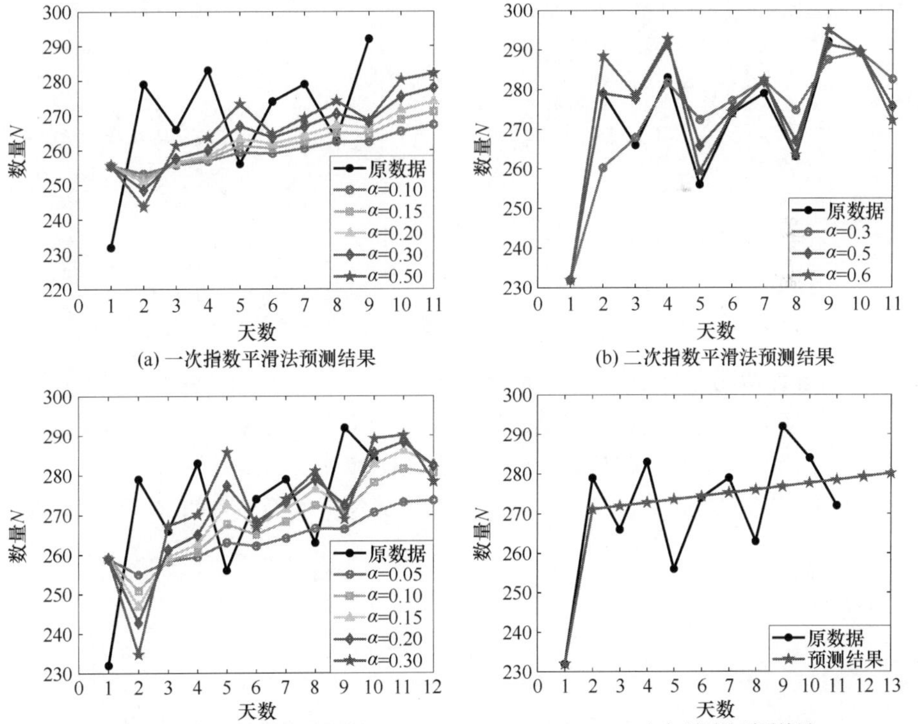

(a) 一次指数平滑法预测结果　(b) 二次指数平滑法预测结果

(c) 三次指数平滑法预测结果　(d) 灰色预测法预测结果

图 5.5　自行车数量波动不大情况下指数平滑法和灰色预测法预测结果

4) 第四种情况：自行车数量波动较大

在自行车高速公路的客流预测中，采用一次指数平滑法、二次指数平滑法、三次指数平滑法和灰色预测法，通过 MATLAB 预测下一阶段自行车数量。在自行车数量波动较大情况下，自行车高速公路客流量的预测结果如图 5.6 所示。

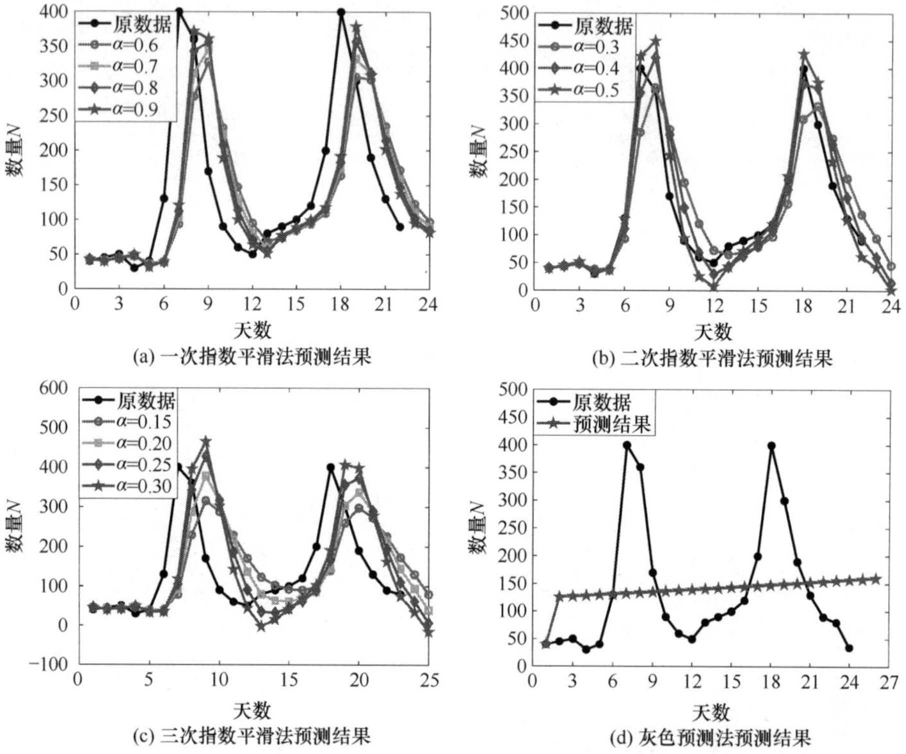

(a) 一次指数平滑法预测结果　(b) 二次指数平滑法预测结果

(c) 三次指数平滑法预测结果　(d) 灰色预测法预测结果

图 5.6　自行车数量波动较大情况下指数平滑法和灰色预测法预测结果

5) 第五种情况：自行车数量缓慢减少

在自行车高速公路的客流预测中，采用一次指数平滑法、二次指数平滑法、三次指数平滑法和灰色预测法，通过 MATLAB 预测下一阶段自行车数量。在自行车数量缓慢减少情况下，自行车高速公路客流量的预测结果如图 5.7 所示。

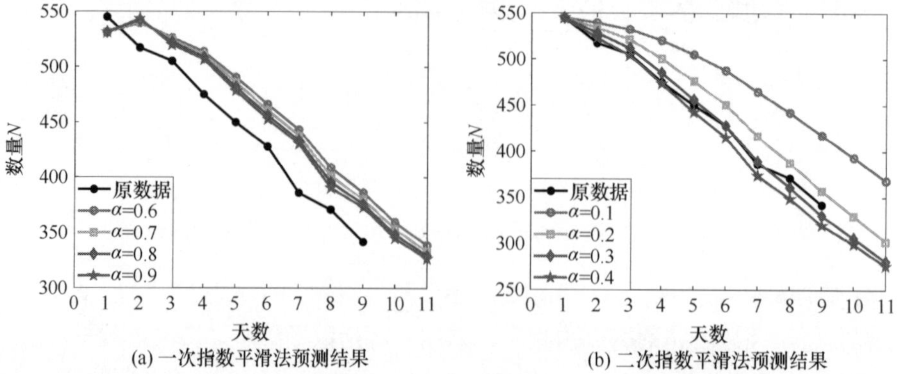

(a) 一次指数平滑法预测结果　(b) 二次指数平滑法预测结果

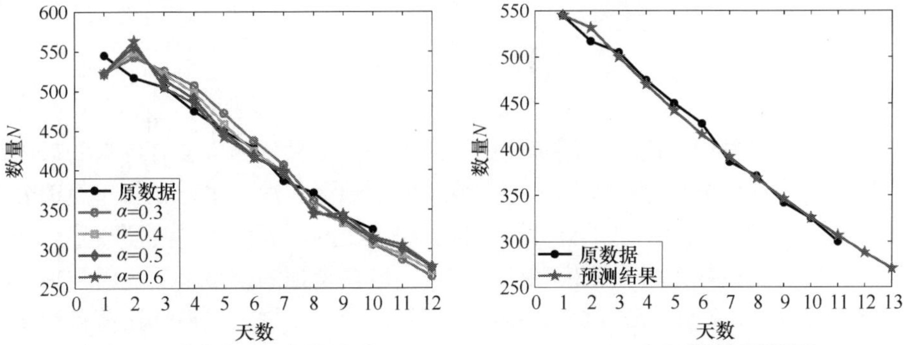

(c) 三次指数平滑法预测结果　　(d) 灰色预测法预测结果

图 5.7　自行车数量缓慢减少情况下指数平滑法和灰色预测法预测结果

6) 第六种情况：自行车数量急剧减少

在自行车高速公路的客流预测中，采用一次指数平滑法、二次指数平滑法、三次指数平滑法和灰色预测法，通过 MATLAB 预测下一阶段自行车数量。在自行车数量急剧减少情况下，自行车高速公路客流量的预测结果如图 5.8 所示。

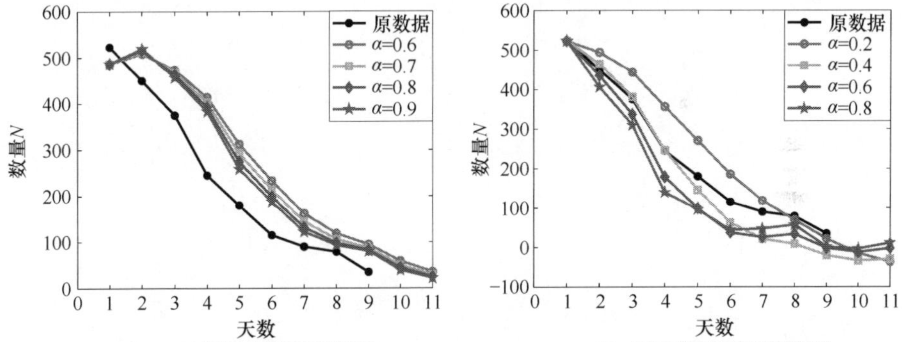

(a) 一次指数平滑法预测结果　　(b) 二次指数平滑法预测结果

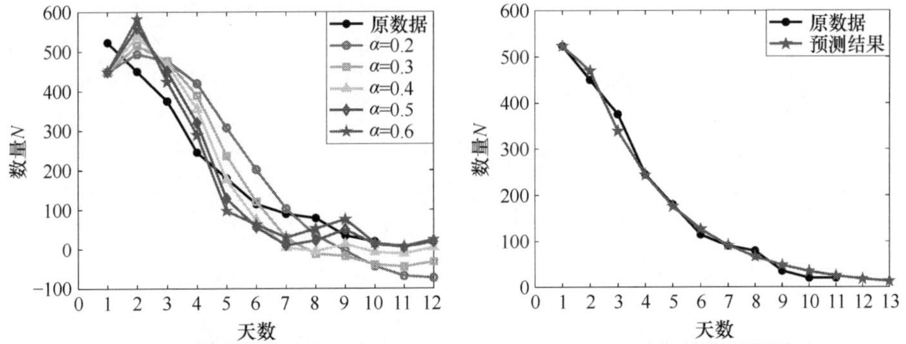

(c) 三次指数平滑法预测结果　　(d) 灰色预测法预测结果

图 5.8　自行车数量急剧减少情况下指数平滑法和灰色预测法预测结果

5.4 小　结

本章研究了自行车高速公路客流的预测方法。每种预测方法有各自的适用范围，因此要根据历史数据的完整度，选取不同的预测方法来进行自行车高速公路客流预测。特别是本章提出了自行车高速公路客流的预测模型，主要有多元回归客流预测模型、指数平滑预测模型、马尔可夫链模糊预测模型、灰色数列预测模型。通过计算自行车出行分担率，得出自行车出行客流量，并根据这些自行车过往的出行客流数据，来完成自行车高速公路客流的预测过程。在自行车高速公路的客流预测中，采用一次指数平滑法、二次指数平滑法、三次指数平滑法和灰色预测法，通过 MATLAB 进行了仿真研究。

第 6 章　自行车高速公路的综合评价方法

自行车高速公路系统是一个综合、复杂及动态的交通系统，如何评价自行车高速公路系统的运行状况和服务水平，是研究的热点问题。自行车高速公路系统的综合评价就是分别从骑行者、自行车系统运营者以及政府的角度出发，评价不同群体在自行车高速公路系统中的受益态势。

1) 自行车高速公路的评价目的

在自行车高速公路系统中，自行车高速公路的综合评价结果作为一种决策支撑，可以为决策者在决策过程中提供有效的参考。因此，自行车高速公路综合评价的目的如下：

(1) 自行车高速公路运行态势的诊断。在自行车高速公路的综合评价中，自行车高速公路的评价就是评价现有自行车高速公路的运行状况及服务水平，根据评价结果决定是否进行改建或扩建。

(2) 自行车高速公路决策方案的选取。在自行车高速公路的综合评价中，自行车高速公路决策方案的选取，就是在新建或者改建自行车高速公路时，评价新建或者改建方案的优劣并排序，根据评价结果，选取相应的最佳方案。

2) 自行车高速公路的评价步骤

在自行车高速公路的综合评价中，自行车高速公路评价的内容主要包括三个方面：首先，面向自行车出行者的自行车高速公路技术性能评价；其次，面向企业的自行车高速公路经济效益评价；最后，面向政府的自行车高速公路社会效益评价。因此，自行车高速公路综合评价的主要步骤如下：

(1) 构建自行车高速公路的评价指标体系。在自行车高速公路系统中，自行车高速公路的评价指标体系是进行系统评价的前提，也是决定评价结果是否有效的关键因素之一。综合考虑自行车高速公路优劣的影响因素，遵循自行车高速公路评价指标体系的建立原则，构建自行车高速公路的评价指标体系。

(2) 量化自行车高速公路的评价指标。在自行车高速公路系统中，为了能够更好地利用评价指标评价自行车高速公路，需要给出评价指标的定义并尽量给出量化方法(函数关系式)。同时，针对不同的评价指标需要给出相应的指标标准，根据指标标准，对评价指标进行等级划分。在量化自行车高速公路的评价指标时，可以根据自行车高速公路评价指标的不同特点分别采用直接定量、模糊定量以及等级定量等方法。

(3) 选取自行车高速公路的评价方法。在自行车高速公路的综合评价中，恰当的评价方法是进行自行车高速公路评价的另一个关键因素。不同的评价方法具有不同的适用性,这里选取几种有效的评价方法进行自行车高速公路的综合评价，通过比较得出自行车高速公路各个评价方法的优劣。

6.1 自行车高速公路的评价指标体系

自行车高速公路是一个复杂的综合系统，在构建自行车高速公路的评价指标体系时，不仅要遵循系统工程的系统性原则，还要结合自行车高速公路自身的特点，满足目的性原则、层次性原则、科学性原则和可操作性原则等。

6.1.1 评价指标体系的构建原则

在自行车高速公路的综合评价中，评价自行车高速公路涉及的因素有很多，而这些因素中的任何一个都可以单独地成为一个评价指标。但如果不遵循任何原则就简单地设定评价指标，会使得评价指标过多。因此，自行车高速公路评价指标体系的构建必须遵循系统性原则、目的性原则和实用性原则。

(1) 自行车高速公路评价指标体系的系统性原则。在自行车高速公路的综合评价中，自行车高速公路系统涉及交通设施、交通管理等众多因素，因此是一个庞大、复杂的系统。在建立自行车高速公路的评价指标体系时，选择的评价指标要全面地反映自行车高速公路的整体运行情况。

(2) 自行车高速公路评价指标体系的目的性原则。在自行车高速公路的综合评价中，自行车高速公路综合评价的目的是使交通管理人员了解自行车高速公路的整体运行状况，同时为改善自行车高速公路现状提供理论支撑。

(3) 自行车高速公路评价指标体系的实用性原则。在自行车高速公路的综合评价中，自行车高速公路评价指标体系在筛选指标时，要注意其实用性，即指标需要具有明确的定义，尽可能地采用国际通用的单位、名称和计算方法，方便易得的指标数据[74]，确保所有自行车高速公路的评价指标均能客观、真实地反映自行车高速公路的实际情况。

6.1.2 评价指标体系的量化函数

在自行车高速公路综合评价方面，建立自行车高速公路的评价指标体系是一个复杂的过程，首先要明确评价的目标，然后进行资料的收集。通过分析自行车高速公路的运行影响因素，从骑行者、自行车性能、自行车道路网、道路环境及社会效益五个方面出发，构建自行车高速公路的评价指标体系。

(1) 自行车高速公路的换乘便捷度。在自行车高速公路的综合评价中，自行车高速公路的换乘便捷度，就是自行车停车点与其他公共交通方式乘车点之间的步行时间。在自行车高速公路系统中，自行车高速公路的换乘便捷度函数关系式为

$$t = \frac{l}{v} \tag{6.1}$$

其中，

t——步行时间，min；

l——自行车停车点与其他公共交通方式乘车点之间的距离，km；

v——步行速度，km/h，一般认为是 5km/h。

(2) 自行车高速公路的标识完整率。在自行车高速公路的综合评价中，自行车高速公路的标识完整率，就是标识完整线路长度与自行车线路总长度的比值[75]。在自行车高速公路系统中，自行车高速公路的标识完整率的函数关系式为

$$b = \frac{l_b}{L} \tag{6.2}$$

其中，

b——标识完整线路长度与自行车线路总长度的比值；

l_b——标识完整线路长度，km；

L——自行车线路总长度，km。

(3) 自行车高速公路的机非隔离率。在自行车高速公路的综合评价中，自行车高速公路的机非隔离率，就是机动车和非机动车隔离的线路长度与自行车线路总长度的比值[76]。在自行车高速公路系统中，自行车高速公路的机非隔离率的函数关系式为

$$r = \frac{l_j}{L} \tag{6.3}$$

其中，

r——机动车和非机动车隔离的线路长度与自行车线路总长度的比值；

l_j——机动车和非机动车隔离的线路长度，km。

(4) 自行车高速公路的道路网密度。在自行车高速公路的综合评价中，自行车高速公路的道路网密度，就是自行车线路总长度与该地区面积的比值。在自行车高速公路系统中，自行车高速公路的道路网密度的函数关系式为

$$V = \frac{L}{A} \tag{6.4}$$

其中，

V——自行车线路总长度与该地区面积的比值，km/km^2；

A——该地区面积，km^2。

(5) 自行车高速公路自行车的性能。在自行车高速公路的综合评价中，自行车高速公路自行车的性能根据自行车的价格进行划分，共分为四个等级，如表 6.1 所示。

表 6.1　自行车的性能划分

自行车的性能等级	划分标准
一级	价格在 300 元以内
二级	价格在 300～500 元
三级	价格在 500～1000 元
四级	价格在 1000 元以上

基于表 6.1，自行车高速公路中自行车的性能等级函数关系式为

$$p=\begin{cases}1, & x\leqslant 300\text{元}\\ 2, & x\in(300,500]\text{元}\\ 3, & x\in(500,1000]\text{元}\\ 4, & x>1000\text{元}\end{cases} \tag{6.5}$$

其中，

p——自行车高速公路中自行车的性能等级；

x——自行车的价格，元。

(6) 自行车高速公路的可达性。在自行车高速公路的综合评价中，自行车高速公路的可达性，就是就业岗位数与该地区面积的比值。在自行车高速公路系统中，自行车高速公路的可达性的函数关系式为

$$f(n_1)=\frac{n_1}{A} \tag{6.6}$$

其中，

$f(n_1)$——就业岗位数与该地区面积的比值；

n_1——就业岗位数。

(7) 自行车高速公路的骑行安全性。在自行车高速公路的综合评价中，自行车高速公路的骑行安全性，就是发生事故的自行车数与正在骑行的自行车总数的比值。在自行车高速公路系统中，自行车高速公路的骑行安全性的函数关系式为

$$f(n_2)=\frac{n_2}{n_3} \tag{6.7}$$

其中，

$f(n_2)$——发生事故的自行车数与正在骑行的自行车总数的比值；

n_2——发生事故的自行车数，辆；

n_3——正在骑行的自行车总数，辆。

(8) 自行车出行分担率。在自行车高速公路的综合评价中，自行车出行分担率就是选择自行车出行的次数与总出行次数的比值。在自行车高速公路系统中，自行车出行分担率的函数关系式为

$$f\left(n_4\right)=\frac{n_4}{n_5} \tag{6.8}$$

其中，

$f(n_4)$——选择自行车出行的次数与总出行次数的比值；

n_4——选择自行车出行的出行次数；

n_5——总出行次数。

(9) 自行车高速公路的防护设施覆盖率。在自行车高速公路的综合评价中，自行车高速公路的防护设施覆盖率，就是存在防雨雪车棚线路长度与自行车线路总长度的比值。在自行车高速公路系统中，自行车高速公路的防护设施覆盖率的函数关系式为

$$f\left(l_i\right)=\frac{l_i}{L} \tag{6.9}$$

其中，

$f(l_i)$——存在防雨雪车棚线路长度与自行车线路总长度的比值；

l_i——存在防雨雪车棚线路长度，km。

(10) 自行车高速公路的救助箱覆盖率。在自行车高速公路的综合评价中，自行车高速公路的救助箱覆盖率，就是救助箱所在位置 0.5km 半径范围的覆盖面积与该地区面积的比值[77]。在自行车高速公路系统中，自行车高速公路的救助箱覆盖率的函数关系式为

$$f\left(A_i\right)=\frac{A_i}{A} \tag{6.10}$$

其中，

$f(A_i)$——救助箱所在位置 0.5km 半径范围的覆盖面积与该地区面积的比值；

A_i——救助箱所在位置 0.5km 半径范围的覆盖面积，km^2。

(11) 自行车高速公路的维修站覆盖率。在自行车高速公路的综合评价中，自行车高速公路的维修站覆盖率，就是自行车维修站所在位置 1km 半径范围的覆盖面积与该地区面积的比值。在自行车高速公路系统中，自行车高速公路的维修站

覆盖率的函数关系式为

$$f\left(A_j\right)=\frac{A_j}{A} \tag{6.11}$$

其中，

$f(A_j)$——自行车维修站所在位置 1km 半径范围的覆盖面积与该地区面积的比值；

A_j——自行车维修站所在位置 1km 半径范围的覆盖面积，km^2。

在自行车高速公路的综合评价中，自行车高速公路的建立旨在为选择自行车出行的人们提供更加快捷、安全的道路，吸引更多人选择自行车出行，进而大力推行绿色交通，缓解城市交通拥堵。自行车高速公路评价指标的构建及量化是自行车高速公路评价过程中的初步环节。在自行车高速公路的综合评价中，本章在综合考虑骑行者、自行车性能、自行车道路网、道路环境以及社会效益五个方面的基础上，构建自行车高速公路评价指标体系[78-80]，具体如表 6.2 所示。

表 6.2　自行车高速公路的评价指标体系

<table>
<tr><th rowspan="2">目标</th><th rowspan="2">一级指标</th><th colspan="2">二级指标</th><th rowspan="2">单位</th></tr>
<tr><th>内容</th><th>代号</th></tr>
<tr><td rowspan="12">自行车高速公路的综合评价</td><td rowspan="2">高效性</td><td>自行车最高行驶速度</td><td>I_1</td><td>km/h</td></tr>
<tr><td>自行车平均速度</td><td>I_2</td><td>km/h</td></tr>
<tr><td>可达性</td><td>自行车高速公路网络连通度</td><td>I_3</td><td>—</td></tr>
<tr><td rowspan="3">便捷性</td><td>公交换乘便捷度</td><td>I_4</td><td>—</td></tr>
<tr><td>地铁换乘便捷度</td><td>I_5</td><td>—</td></tr>
<tr><td>步行便捷度</td><td>I_6</td><td>—</td></tr>
<tr><td rowspan="4">安全性</td><td>自行车车道宽度</td><td>I_7</td><td>m</td></tr>
<tr><td>自行车车道铺装质量</td><td>I_8</td><td>—</td></tr>
<tr><td>隔离设施的完善性</td><td>I_9</td><td>—</td></tr>
<tr><td>照明设施的完善性</td><td>I_{10}</td><td>—</td></tr>
<tr><td rowspan="2">舒适性</td><td>绿化设施覆盖率</td><td>I_{11}</td><td>—</td></tr>
<tr><td>空气污染程度</td><td>I_{12}</td><td>—</td></tr>
</table>

6.2　自行车高速公路的评价模型

在自行车高速公路的综合评价中，在建立自行车高速公路评价指标体系的基础上，才能构建自行车高速公路的评价模型。本节将介绍几种常用的评价模型，包括自行车高速公路的集成法评价模型、数据包络分析(data envelopment analysis，DEA)法评价模型、神经网络分析法评价模型以及层次熵法评价模型等。自行车高速公路的评价方法如图 6.1 所示，根据这些评价方法，能够对自行车高速公路的运行状况进行评价，根据评价的具体环境，选择最适用的自行车高速公路的评价模型。

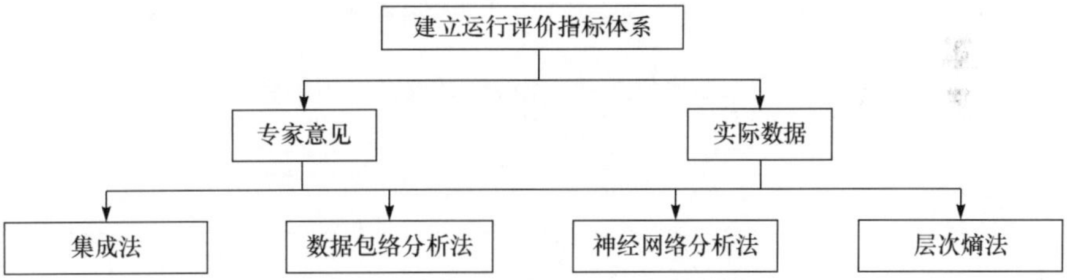

图 6.1　自行车高速公路的评价方法

6.2.1　基于集成法的自行车高速公路综合评价

在自行车高速公路的综合评价中，集成法是根据结构熵权法、灰色聚类法、模糊评判法等各自不同的特点，分别运用于自行车高速公路相应运行评价步骤的一种综合性集成方法。不同的方法具有不同的适用性，可以用来解决自行车高速公路综合评价问题：结构熵权法用于计算各个评价指标的权重系数；灰色聚类法用来处理专家评分数据，并计算模糊权矩阵；模糊评判法用于计算模糊综合评价矩阵并得出评价结果[81]。在自行车高速公路的综合评价中，根据集成法的思路，确定自行车高速公路综合评价流程如图 6.2 所示。

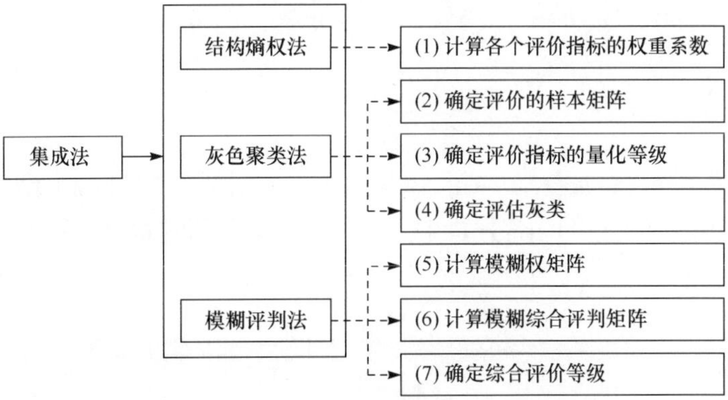

图 6.2　自行车高速公路综合评价流程

1. 计算自行车高速公路评价指标的权重系数

自行车高速公路评价指标的权重系数的确定方法可以分为主观赋权法、客观赋权法和综合集成赋权法。在自行车高速公路的综合评价中，利用主观赋权法与客观赋权法相结合的结构熵权法确定评价指标的权重系数。结构熵权法的基本步骤如下：

1) 界定排序度，采集专家意见，形成典型排序

在自行车高速公路的综合评价中，先设计定性排序的自行车高速公路评价指标体系权重系数专家调查表(表 6.3)，然后按照德尔菲法规定的程序和要求，向若干个专家进行问卷调查，专家独立地对评价指标的重要性进行排序(采用打"√"方式)，形成专家排序意见，即指标的典型排序[82]。

表 6.3　自行车高速公路评价指标体系权重系数专家调查表

指标	排序				
	1	2	…	11	12
I_1					
I_2					
⋮					
I_{11}					
I_{12}					

2) 解析盲度，对典型排序进行盲度分析

在自行车高速公路的综合评价中，若咨询 5 位专家，则有 5 张咨询表，表 6.3 中确定的评价指标体系共有 12 个评价指标，则每一张咨询表对应的指标集为 $Z=[z_1,z_2,\cdots,z_{12}]$，指标集对应的典型排序数组记为$[m_{i1},m_{i2},\cdots,m_{i12}]$，其中 $m_{i1},m_{i2},\cdots,m_{i12}$ 取 1～12 自然数中的任意数(当 i 相同时，12 个自然数不重复)[83]。在自行车高速公路的综合评价中，获得指标集的典型排序矩阵，记为

$$M=\left(m_{ij}\right)_{5\times12} \tag{6.12}$$

其中，

$m_{ij}(i=1, 2, 3, 4, 5，j=1, 2,\cdots,12)$——第 i 个专家对第 j 个指标 r_j 的评价排序。

在自行车高速公路的综合评价中，自行车高速公路评价排序数 m_{ij} 的隶属度函数为

$$\mu\left(m_{ij}\right)=\frac{\ln\left(a-m_{ij}\right)}{\ln\left(a-1\right)} \tag{6.13}$$

其中，

a——自行车高速公路综合评价的转换参数，这里 $a = 12 + 2 = 14$。

在自行车高速公路系统中，基于式(6.12)，可得自行车高速公路综合评价的隶属度矩阵为

$$\left(l_{ij}\right)_{5\times12} = \begin{bmatrix} l_{11} & l_{12} & \cdots & l_{112} \\ l_{21} & l_{22} & \cdots & l_{212} \\ \vdots & \vdots & & \vdots \\ l_{51} & l_{52} & \cdots & l_{512} \end{bmatrix} \tag{6.14}$$

其中，$l_{ij} = \mu(m_{ij})$。

在自行车高速公路系统中，为了计算自行车高速公路综合评价的隶属度矩阵，需要界定自行车高速公路评价的平均认识度、认识盲度和认识度。

定义 6.1　自行车高速公路评价的平均认识度。在自行车高速公路的综合评价中，如果 5 个专家对指标 z_j 的“看法一致”，则在自行车高速公路系统中，自行车高速公路评价的平均认识度为

$$m_j = 0.2\left(m_{1j} + m_{2j} + m_{3j} + m_{4j} + m_{5j}\right) \tag{6.15}$$

定义 6.2　自行车高速公路评价的认识盲度。在自行车高速公路的综合评价中，如果将每个专家对评价指标 $z_j(j = 1,2,\cdots,12)$由认知产生的不确定性界定为 Q_j，则在自行车高速公路系统中，自行车高速公路评价的认识盲度为

$$Q_j = 0.5\left[\left(\max\left(m_{1j}, m_{2j}, \cdots, m_{5j}\right) - m_j\right) + \left(\min\left(m_{1j}, m_{2j}, \cdots, m_{5j}\right) - m_j\right)\right] \tag{6.16}$$

定义 6.3　自行车高速公路评价的认识度。在自行车高速公路的综合评价中，设 5 个专家对指标 z_j 的总体界定为 x_j，则在自行车高速公路系统中，自行车高速公路评价的认识度为

$$x_j = m_j\left(1 - Q_j\right) \tag{6.17}$$

其中，j=1, 2,⋯, 12。

在自行车高速公路的综合评价中，全体专家对各个评价指标的评价向量为

$$X = [x_1, x_2, \cdots, x_{12}]$$

3) 归一化处理

在自行车高速公路的综合评价中，为得到指标 z_j 的权重系数，对式(6.17)进行归一化处理：

$$w_j = \frac{x_j}{\sum_{j=1}^{12} x_j} \tag{6.18}$$

则在自行车高速公路系统中，$W=[w_1,w_2,\cdots,w_{12}]$为自行车高速公路评价指标集$Z=[z_1, z_2,\cdots, z_{12}]$的权重向量。

2. 确定自行车高速公路评价的样本矩阵

在自行车高速公路的综合评价中，5 位专家对 12 个自行车高速公路的评价指标进行评分，评分范围为 1～10。第 i 位专家对评价指标 z_j 的评分为 $d_{ij}(i = 1, 2, 3, 4, 5，j = 1, 2,\cdots,12)$。综合各专家对所有评价指标的测定，得到自行车高速公路评价的样本矩阵为

$$\left(d_{ij}\right)_{5\times j}=\begin{bmatrix} d_{11} & d_{12} & \cdots & d_{1j} \\ d_{21} & d_{22} & \cdots & d_{2j} \\ \vdots & \vdots & & \vdots \\ d_{51} & d_{52} & \cdots & d_{5j} \end{bmatrix} \tag{6.19}$$

其中，$0\leqslant d_{ij}\leqslant 10$。

3. 确定自行车高速公路评价指标的量化等级

在自行车高速公路的综合评价中，为了科学地评价自行车高速公路的运行态势，把自行车高速公路的评价指标量化值界定为五个等级，即

$$\begin{aligned} V &= \{V_1,V_2,V_3,V_4,V_5\} \\ &= \{5,4,3,2,1\} \\ &= \{\text{优秀},\text{良好},\text{一般},\text{较差},\text{很差}\} \end{aligned} \tag{6.20}$$

4. 确定自行车高速公路评估灰类

在自行车高速公路的综合评价中，根据灰色聚类法，在界定评估灰类等级数的基础上，界定评估灰类的灰数以及白化权函数。由式(6.20)确定 5 类评估灰类，即 $\otimes=\{\otimes_1,\otimes_2,\otimes_3,\otimes_4,\otimes_5\}=\{5,4,3,2,1\}$。

第一灰类函数，自行车高速公路评价的灰数 $\otimes_1\in[5,\infty)$，则在自行车高速公路系统中，自行车高速公路评价的白化权函数为

$$f_1\left(d_{ij}\right)=\begin{cases} d_{ij}/5, & d_{ij}\in(0,5) \\ 1, & d_{ij}\in[5,+\infty) \\ 0, & d_{ij}\in(-\infty,0] \end{cases} \tag{6.21}$$

第二灰类函数，自行车高速公路评价的灰数 $\otimes_2\in[0,4,8]$，则在自行车高速公路系统中，自行车高速公路评价的白化权函数为

$$f_2\left(d_{ij}\right)=\begin{cases}d_{ij}/4, & d_{ij}\in[0,4)\\ 2-d_{ij}/4, & d_{ij}\in[4,8]\\ 0, & d_{ij}\notin[0,8]\end{cases} \tag{6.22}$$

第三灰类函数，自行车高速公路评价的灰数 $\otimes_3\in[0,3,6]$，则在自行车高速公路系统中，自行车高速公路评价的白化权函数为

$$f_3\left(d_{ij}\right)=\begin{cases}d_{ij}/3, & d_{ij}\in[0,3)\\ 2-d_{ij}/3, & d_{ij}\in[3,6]\\ 0, & d_{ij}\notin[0,6]\end{cases} \tag{6.23}$$

第四灰类函数，自行车高速公路评价的灰数 $\otimes_4\in[0,2,4]$，则在自行车高速公路系统中，自行车高速公路评价的白化权函数为

$$f_4\left(d_{ij}\right)=\begin{cases}d_{ij}/2, & d_{ij}\in[0,2)\\ 2-d_{ij}/2, & d_{ij}\in[2,4]\\ 0, & d_{ij}\notin[0,4]\end{cases} \tag{6.24}$$

第五灰类函数，自行车高速公路评价的灰数 $\otimes_5\in[0,1,2]$，则在自行车高速公路系统中，自行车高速公路评价的白化权函数为

$$f_5\left(d_{ij}\right)=\begin{cases}d_{ij}, & d_{ij}\in[0,1)\\ 2-d_{ij}, & d_{ij}\in[1,2]\\ 0, & d_{ij}\notin[0,2]\end{cases} \tag{6.25}$$

5. 计算自行车高速公路灰色统计数及模糊权矩阵

在自行车高速公路的综合评价中，依据自行车高速公路评价的白化权函数式(6.21)～式(6.25)，求出 d_{ij} 属于第 k 灰类评价等级的权 $f_k(d_{ij})$，得到自行车高速公路评价矩阵的灰色统计数 n_{jk} 和总灰色统计数 n_j。

在自行车高速公路系统中，自行车高速公路评价矩阵的灰色统计数为

$$n_{jk}=\sum_{i=1}^{5}f_k\left(d_{ij}\right) \tag{6.26}$$

自行车高速公路评价矩阵的总灰色统计数为

$$n_j=\sum_{k=1}^{5}n_{jk} \tag{6.27}$$

其中，$j=1,2,\cdots,12$。

根据式(6.26)和式(6.27)，专家对第 j 个评价指标评为第 k 灰类的灰色综合权重系数为

$$r_{jk} = \frac{n_{jk}}{n_j} \tag{6.28}$$

得到自行车高速公路评价的综合模糊权矩阵为

$$Z_M = \begin{bmatrix} z_{11} & z_{12} & \cdots & z_{15} \\ z_{21} & z_{22} & \cdots & z_{25} \\ \vdots & \vdots & & \vdots \\ z_{m1} & z_{m2} & \cdots & z_{m5} \end{bmatrix} \tag{6.29}$$

6. 计算自行车高速公路模糊综合评价矩阵

在自行车高速公路的综合评价中，对自行车高速公路评价的模糊权矩阵 W 和单因素模糊评价矩阵 Z_M 进行复合运算，得到自行车高速公路模糊综合评价矩阵为

$$\begin{aligned} B &= W \cdot Z_M \\ &= [b_1 \quad b_2 \quad b_3 \quad b_4 \quad b_5] \end{aligned} \tag{6.30}$$

在自行车高速公路系统中，根据模糊数学相关理论，可以计算自行车高速公路的综合评价(comprehensive evaluation，CE)结果

$$\text{CE} = B \cdot V^{\text{T}} \tag{6.31}$$

7. 自行车高速公路综合评价等级的界定

在自行车高速公路的综合评价中，基于式(6.31)，其中 f(CE)为自行车高速公路的综合评价值。自行车高速公路的综合评价结果 f(CE)值越大，表明自行车高速公路越好；自行车高速公路的综合评价结果 f(CE)值越小，表明自行车高速公路越差。在自行车高速公路系统中，为了对自行车高速公路的运行进行量化研究，依据国内外现有研究成果在综合分析的基础上，对自行车高速公路的综合评价结果 f(CE)进行量化界定[84]，见表 6.4。

表 6.4 自行车高速公路综合评价等级界定区间

评价等级	1	2	3	4	5
	很差	较差	一般	良好	优秀
界定区间	[0, 1)	[1, 2)	[2, 3)	[3, 4)	[4, 5]

8. 数例分析

在自行车高速公路的综合评价中，构建自行车高速公路的评价指标体系，利用集成法进行综合评价研究，选取最佳方案。本节选取相关数据(表 6.5)，进行数例分析，验证自行车高速公路评价的集成法。

表 6.5　自行车高速公路评价指标方案相关数据(集成法)

指标	方案 1	方案 2	方案 3	方案 4
自行车最高行驶速度/(km/h)	15	20	25	30
自行车高速公路网络连通度	20	40	80	10
公交换乘便捷度	0.09	0.12	0.4	0.9
地铁换乘便捷度	0.15	0.3	0.8	0.5
步行便捷度	0.8	0.5	0.6	0.2
自行车车道宽度/m	3	5	12	15
自行车车道铺装质量	10	25	35	40
隔离设施的完善性	10	30	80	80
照明设施的完善性	0.3	0.4	0.5	0.8
绿化设施覆盖率	0.08	0.2	0.4	0.8
空气污染程度	0.22	0.39	0.05	0.01
自行车高速公路自行车出行所占比例/%	5	15	95	2

基于表 6.5 中的数据，使用 MATLAB 软件采用结构熵权法对自行车高速公路系统综合评价指标进行仿真，得出结果如图 6.3 所示。

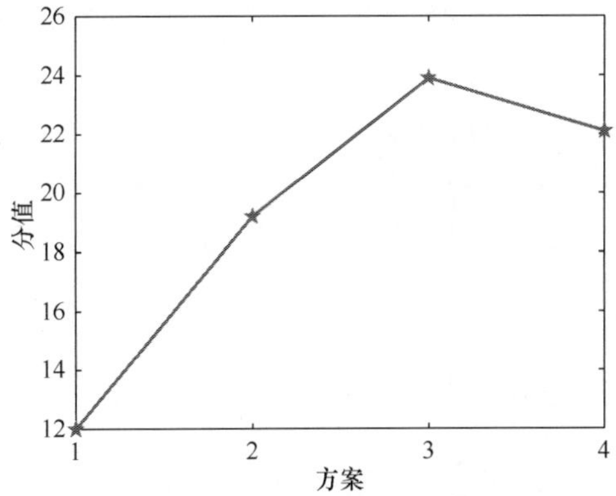

图 6.3　结构熵权法评价结果

由图 6.3 可知，自行车高速公路系统的方案 3 在集成法综合评价中得分最高，为 24，方案 4 在集成法综合评价中得分略低于方案 3，其中方案 1 得分最少，因此在建设或改建自行车高速公路时，建议选取方案 3。

6.2.2　基于数据包络分析法的自行车高速公路综合评价

在自行车高速公路的综合评价中，数据包络分析法是运筹学、管理科学与数理经济学交叉研究的一个新领域。它是根据多项投入指标和多项产出指标，利用线性规划方法对具有可比性的同类型单位进行相对有效性评价的一种数量分析方法。使用 DEA 数学规划模型进行评价具有多个输入单位和多个输出单位，称为决策单元(decision making unit，DMU)[85]。因此，在对 DEA 法进行研究的基础上，利用改进的 DEA 法对自行车高速公路进行评价，构建自行车高速公路综合评价模型。

1. 基于改进 DEA 法的自行车高速公路综合评价

在自行车高速公路的综合评价中，假设自行车高速公路有 n 个决策单元 $\text{DMU}_j(j=1,2,\cdots,n)$，每个自行车高速公路 DMU_j 都有 m 种类型的输入以及 s 种类型的输出，即输入向量 x_{ij} 与输出向量 y_{rj} 分别为

$$x_{ij}=[x_{1j},x_{2j},\cdots,x_{mj}],\quad i=1,2,\cdots,m$$

$$y_{rj}=[y_{1j},y_{2j},\cdots,y_{sj}],\quad r=1,2,\cdots,s$$

其中，

x_{ij}——自行车高速公路第 j 个决策单元的第 i 种输入的数量值；

y_{rj}——自行车高速公路第 j 个决策单元的第 r 种输出的数量值。

在自行车高速公路系统中，基于上述假设，自行车高速公路综合评价模型的计算过程如下。

1) 计算自行车高速公路的效率评价指数

在自行车高速公路的综合评价中，为了将所有自行车高速公路的输入指标和输出指标进行综合统一，需要对每个输入指标和输出指标进行赋权：

(1) 在自行车高速公路的综合评价中，自行车高速公路输入指标的权重系数向量为 $v=[v_1, v_2,\cdots, v_m]$；

(2) 在自行车高速公路的综合评价中，自行车高速公路输出指标的权重系数向量为 $u=[u_1, u_2,\cdots, u_s]$。

则在自行车高速公路的综合评价中，自行车高速公路的输入输出指标的综合值如下。

在自行车高速公路的综合评价中，自行车高速公路第 j 个决策单元第 i 种输入指标的综合值为

$$h_{ij} = \sum_{i=1}^{m} v_i x_{ij} \tag{6.32}$$

其中，

v_i ——第 i 种输入指标的权重系数。

在自行车高速公路的综合评价中，自行车高速公路第 j 个决策单元第 r 种输出指标的综合值为

$$h_{rj} = \sum_{r=1}^{s} u_r y_{rj} \tag{6.33}$$

其中，

u_r ——第 r 种输出指标的权重系数。

在自行车高速公路系统中，根据式(6.32)和式(6.33)，自行车高速公路第 j 个决策单元相应的效率评价指数为

$$h_j = \frac{h_{rj}}{h_{ij}} \tag{6.34}$$

2) 构建自行车高速公路决策单元的极值模型

在自行车高速公路的综合评价中，为了对式(6.34)进行求解，需要确定一组最佳权重系数向量 v 和 u，使第 j 个决策单元的效率评价指数 h_j 最大。因此，若以所有自行车高速公路决策单元的效率评价指数 $h_j \leqslant 1$ 为约束，则第 j_0 个自行车高速公路决策单元 DMU_{j_0} 的极值模型[86]为

$$\begin{aligned} &\max\ h_{j_0} = \frac{\sum_{r=1}^{s} u_r y_{rj_0}}{\sum_{i=1}^{m} v_i x_{ij_0}} \\ &\text{s.t.} \begin{cases} h_j \leqslant 1, & j = 1,2,\cdots,n \\ v_i \geqslant 0, & i = 1,2,\cdots,m \\ u_r \geqslant 0, & r = 1,2,\cdots,s \end{cases} \end{aligned} \tag{6.35}$$

其中，

x_{ij_0} ——自行车高速公路中决策单元 DMU_{j_0} 的第 i 种输入的数量值；

y_{rj_0} ——自行车高速公路中决策单元 DMU_{j_0} 的第 r 种输出的数量值。

3) 界定自行车高速公路极值模型的对偶规划模型

在自行车高速公路的综合评价中，为了对自行车高速公路决策单元的极值模型进行求解，将式(6.35)转换成等价的线性规划问题，令

$$w_i = \frac{v_i}{\sum_{i=1}^{m} v_i x_{ij_0}}, \quad \mu_r = \frac{u_r}{\sum_{i=1}^{m} v_i x_{ij_0}}$$

则在自行车高速公路的综合评价中，式(6.35)模型转换为

$$\max \ h_{j_0} = \sum_{r=1}^{s} u_r y_{rj_0}$$
$$\text{s.t.} \begin{cases} \sum_{r=1}^{s} u_r y_{rj} - \sum_{i=1}^{m} w_i x_{ij} \leqslant 0, \quad j=1,2,\cdots,n \\ \sum_{i=1}^{m} w_i x_{ij_0} = 1 \\ w_i \geqslant 0, \quad i=1,2,\cdots,m \\ u_r \geqslant 0, \quad r=1,2,\cdots,s \end{cases} \tag{6.36}$$

在自行车高速公路的综合评价中，基于对偶原理，自行车高速公路决策单元的线性规划模型(6.36)的对偶规划模型[87]为

$$\theta^* = \min_{(i,j)} \theta_{ij}$$
$$\text{s.t.} \begin{cases} \sum_{j=1}^{n} \lambda_j x_{ij} \leqslant \theta_{ij} x_{ij} \\ \sum_{j=1}^{n} \lambda_j y_{rj} \geqslant y_{rj} \\ \lambda_j \geqslant 0 \\ j=1,2,\cdots,n \end{cases} \tag{6.37}$$

其中，

θ^* ——式(6.37)达到最优解时的自行车高速公路资源配置效率值；

θ_{ij} ——第 i 个输入指标约束下第 j 个决策单元 DMU_j 的资源配置效率值；

λ_j ——自行车高速公路第 j 个决策单元 DMU_j 的规模收益效率值。

根据线性规划松弛原理以及对偶理论，可知式(6.35)～式(6.37)等价，可以直接求解对偶规划模型(6.37)来判断自行车高速公路决策单元的有效性，进一步引入松弛变量 s^+和剩余变量 s^-，则判断自行车高速公路数据决策单元有效性的极值模型为线性规划模型：

$$\theta^* = \min_{(i,j)} \theta_{ij}$$

$$\text{s.t.} \begin{cases} \sum_{j=1}^{n} \lambda_j x_{ij} + s^+ = \theta_{ij} x_{ij} \\ \sum_{j=1}^{n} \lambda_j y_{rj} - s^- = y_{rj} \\ s^+ \geqslant 0 \\ s^- \geqslant 0 \end{cases} \tag{6.38}$$

在自行车高速公路的综合评价中，通过求解式(6.38)可以获得自行车高速公路各个决策单元，也就是不同对象的综合评价效率指数，从而获取各个自行车高速公路的运行情况。

2. 评价结果的判定准则

在自行车高速公路的综合评价中，评价自行车高速公路的根本目的在于服务大众，完善居民出行选择，既要从管理者的角度考虑社会效益，又要从便民的角度去评判自行车高速公路的运行水平。自行车高速公路资源配置是指在自行车高速公路中各类资源的投入情况。规模收益指的是自行车高速公路中建设产生的收益大小。选择自行车资源配置和规模收益两个指标作为判定自行车高速公路的评价准则依据，能够有效评估自行车高速公路的投入与产出关系，并且反映自行车高速公路的运行质量。不妨设式(6.38)的最优解为 θ^*、λ^*、s^*，基于改进 DEA 法的自行车高速公路综合评价，定义了自行车高速公路综合评价结果的判定准则。

1) 基于改进 DEA 法的自行车高速公路资源配置判定准则

在自行车高速公路的综合评价中，基于改进 DEA 法的自行车高速公路综合评价模型中，利用式(6.38)的计算结果 θ^*来判别自行车高速公路决策单元的资源配置情况，其判定准则[87,88]如下：

(1) 同时技术有效和规模有效。在自行车高速公路的综合评价中，若 $\theta^*=1$ 且 $s^*=0$，则自行车高速公路的决策单元 DMU_{j_0} 为 DEA 有效，此时自行车高速公路的决策单元 DMU_{j_0} 同时技术有效和规模有效。

(2) 不是同时技术有效和规模有效。在自行车高速公路的综合评价中，若 $\theta^*=1$ 且 s^*不全为 0，则自行车高速公路的决策单元 DMU_{j_0} 为弱 DEA 有效，此时自行车高速公路不是同时技术有效和规模有效。

(3) 既不是技术有效，也不是规模有效。在自行车高速公路的综合评价中，若 $\theta^* < 1$，则自行车高速公路的决策单元 DMU_{j_0} 不是 DEA 有效，此时自行车高

速公路既不是技术有效，也不是规模有效。

2) 基于改进 DEA 法的自行车高速公路规模收益判定准则

在自行车高速公路的综合评价中，基于改进 DEA 法的自行车高速公路综合评价模型中的 λ_j 值来判定自行车高速公路规模收益：

$$K=\sum_{j=1}^{n}\lambda_j \tag{6.39}$$

在自行车高速公路的综合评价中，基于式(6.39)可以利用 K 评判自行车高速公路的规模收益，自行车高速公路决策单元的规模收益判定准则[88]如下：

(1) $K=1$ 判定准则。在自行车高速公路的综合评价中，若 K=1，则自行车高速公路决策单元为规模收益稳定，且此时自行车高速公路决策单元达到规模最大产出点。

(2) $K<1$ 判定准则。在自行车高速公路的综合评价中，若 $K<1$，则自行车高速公路决策单元呈现规模收益递增的趋势，且 K 值越小，规模递增趋势越大。

(3) $K>1$ 判定准则。在自行车高速公路的综合评价中，若 $K>1$，则自行车高速公路决策单元呈现规模收益递减的趋势，且 K 值越大，规模递减趋势越大。

在自行车高速公路的综合评价中，结合自行车高速公路综合评价模型，根据界定的评价结果判定准则，可以分析现有自行车高速公路的资源配置优良情况，还可以依据收益趋势的评价结果，为自行车高速公路的未来规划提供参考。

3. 数例分析

在对自行车高速公路系统进行评价时，使用 MATLAB 软件并采用包络分析法对表 6.6 中的数据进行仿真，得出结果如图 6.4 所示。

表 6.6 自行车高速公路评价指标方案相关数据(包络分析法)

指标类型	指标内容		方案 1	方案 2	方案 3	方案 4
输入指标	高效性	自行车最高行驶速度/(km/h)	15	20	35	40
		自行车平均速度/(km/h)	12	18	30	30
	可达性	自行车高速公路网络连通度	50	60	30	10
	便捷性	公交换乘便捷度	0.5	0.5	0.4	0.3
		地铁换乘便捷度	0.75	0.6	0.4	0.1
		步行便捷度	0.8	0.5	0.3	0.2

续表

指标类型	指标内容		方案 1	方案 2	方案 3	方案 4
输入指标	安全性	自行车车道宽度/m	2.5	4.5	8	13
		自行车车道铺装质量	20	60	80	90
		隔离设施的完善性	10	50	70	90
		照明设施的完善性	0.3	0.4	0.6	0.8
	舒适性	绿化设施覆盖率	0.08	0.2	0.4	0.8
		空气污染程度	0.02	0.09	0.05	0.04
输出指标	自行车高速公路自行车出行所占比例/%		15	20	35	30
	自行车高速公路骑行者满意度		50	60	80	40

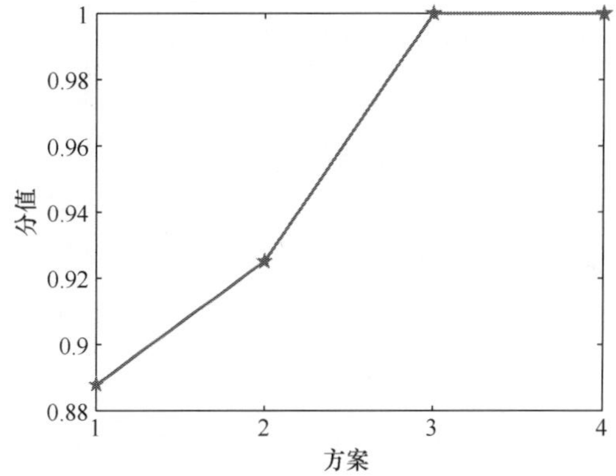

图 6.4　DEA 法评价结果

由图 6.4 可以看出，利用基于 DEA 法的自行车高速公路综合评价模型，对表 6.6 中的方案进行评价，并根据自行车高速公路的评价结果判定准则可知：方案 3 和方案 4(综合评分最高，均为 1)最佳，而方案 1 评分最低，为 0.89。

6.2.3　基于神经网络分析法的自行车高速公路综合评价

在自行车高速公路的综合评价中，神经网络即人工神经网络(artificial neural network，ANN)，是由具有学习和调整能力的函数单元组成的并行互连的网络，研究的目标是试图从数学上描述神经网络的动力学过程，模拟人的神经网络组织实现对外部环境输入的学习和记忆，并实现对相似样本的识别和对未知样本的判断。经过多年的发展，研究人员提出一种按误差反向传播(back propagation，BP)算法训练的多层前馈型神经网络，简称 BP 神经网络。BP 神经网络通过反向误差传播来不断调整网络的权重系数和阈值，利用最速下降法进行空间寻优，最终使网络所有神经单元的输出结果与训练样本之间的相对误差平方和最小。因此，可以利用神经网络进行自行车高速公路的综合评价。

1. 神经网络结构及原理

人工神经网络是一种基于生物神经学理论的数学模型,该模型一般由输入层、隐含层及输出层构成，其中，隐含层的层数虽然可以为多个，但一般情况下 1 个隐含层就可以解决问题。BP 神经网络是人工神经网络中应用较多的一种，基本思路是：数据信息的正向传播以及误差的反向传播。在自行车高速公路的综合评价中,BP 神经网络是通过模仿生物神经系统功能结构处理非线性问题的数学动力系统，对多输入与多输出的数据具有较强的拟合能力，其基本组成单元是神经元，主要功能是将输入经过函数转换为期望输出[89]。BP 神经网络模型预测机制主要通过以下三步实现：

1) 自行车高速公路的输入信息融合

在自行车高速公路系统中，自行车高速公路的输入信息融合是模仿神经元对不同环境刺激的敏感程度不一致的现象。自行车高速公路的引入输入信息的敏感向量(权重系数向量)$W = [w_{1d}, w_{2d}, \cdots, w_{sd}](d = 1, 2, \cdots, m)$，自行车高速公路的输入信息向量 $X_s = [x_1, x_2, \cdots, x_s](s = 1, 2, \cdots, n)$，与其对应的敏感向量乘积得到融合之后的信息 b_d：

$$b_d = \sum_{s=1}^{n} w_{sd} x_s \tag{6.40}$$

2) 自行车高速公路的输出信息转换

在自行车高速公路的综合评价中，当 b_d 大于神经元兴奋阈值 θ 时，神经元信息转换函数 f 对 b_d 转换得到输出信息 y_z，这里采用 Sigmoid 函数作为转换函数：

$$\begin{aligned} y_z &= f\left(\sum_{s=1}^{n} w_{sd} x_s - \theta\right) \\ &= \frac{\exp\left(\sum_{s=1}^{n} w_{sd} x_s - \theta\right)}{1+\exp\left(\sum_{s=1}^{n} w_{sd} x_s - \theta\right)} \end{aligned} \tag{6.41}$$

其中，

y_z——自行车高速公路的输出信息；

θ——阈值，用来修正神经系统内部偏差，取值为 0～1，通常建议取值为 0.01。

3) 自行车高速公路的误差反向传播

在自行车高速公路的综合评价中，根据得到的神经元输出信息 y_z 与实际期望信息 y_z^* 之间的差值反向修正神经元权重系数 w_{sd}，这里采用改进的自适应动量梯度下降法作为权重系数修正函数：

$$w_{sd}^{u}=w_{sd}^{u-1}+\eta g\left(y_z^*-y_z\right) \tag{6.42}$$

其中，

w_{sd}^{u}——前层第 s 个神经元和后层第 d 个神经元之间第 u 次修正权重系数；

η——自行车高速公路的动量因子；

g——自行车高速公路的梯度误差修正函数。

2. 自行车高速公路的综合评价流程

在自行车高速公路的综合评价中，自行车高速公路评价等级是一个多输入单输出的问题。经过多样本的网络训练，输入多个自行车高速公路综合评价指标值，模型就会输出自行车高速公路等级。这里设定自行车高速公路等级见表 6.4。

在自行车高速公路的综合评价中，利用 BP 神经网络构建自行车高速公路综合评价模型，具体步骤如下：

(1) 构建自行车高速公路综合评价的 BP 神经网络。根据自行车高速公路综合评价指标体系，构建 BP 神经网络结构，即设定输入层包含 12 个基本单元，隐含层包含 5 个基本单元，输出层包含 1 个基本单元。

(2) 训练自行车高速公路综合评价的 BP 神经网络。针对已建成的 BP 神经网络选取多个样本进行训练，将自行车高速公路综合评价的 12 个标准指标值(经过标准化处理的指标值)作为输入，数据由输入层沿着隐含层向输出层传递，每层的基本单元都会被赋予初始权重系数，经过加权计算后，评价值由输出层输出，并与期望值进行比较。若所选样本的误差均满足要求，则自行车高速公路综合评价的训练完成。在自行车高速公路的综合评价中，若所选样本的误差不满足要求，则误差就会由输出层沿着隐含层向输入层传递，每层基本单元的权重系数都会被误差信号影响并进行调整。在权重系数改变后，将得到新的评价值，重复以上过程，直到所选样本的误差满足要求。

(3) 界定自行车高速公路综合评价的等级范围。在自行车高速公路综合评价的 BP 神经网络训练完成后，将待评价的自行车高速公路综合评价指标值输入，即可得到评价输出值。根据自行车高速公路综合评价输出值，对照等级界定表 6.4，得出评价等级。

3. 数例分析

假设某市 10 年自行车高速公路数据如表 6.7 所示，利用 BP 神经网络构建自行车高速公路综合评价模型进行综合评价研究。

表 6.7　某市 10 年自行车高速公路数据

指标	第 1 年	第 2 年	第 3 年	第 4 年	第 5 年	第 6 年	第 7 年	第 8 年	第 9 年	第 10 年
人数/万人	20.55	25.37	29.45	30.96	36.42	39.13	41.93	47.30	55.73	59.17
自行车数量/万辆	0.6	0.85	1.05	1.45	1.7	2.15	2.25	2.5	2.7	3.1
自行车高速公路面积/km^2	0.09	0.14	0.2	0.23	0.32	0.36	0.49	0.59	0.67	0.79
自行车高速公路客运量/(人/km)	512	773	1046	1138	1235	1575	1830	1983	2102	1949
自行车高速公路货运量/(kg/km)	123	237	385	400	563	714	834	1022	1132	1536

由表 6.7 中的数据，使用 MATLAB 软件对基于 BP 神经网络的自行车高速公路系统进行仿真，并对自行车高速公路客运量和货运量进行拟合，结果如图 6.5 所示。

由 MATLAB 仿真结果图 6.5 可知，自行车高速公路客运量和货运量预测数据与实际数据基本吻合。

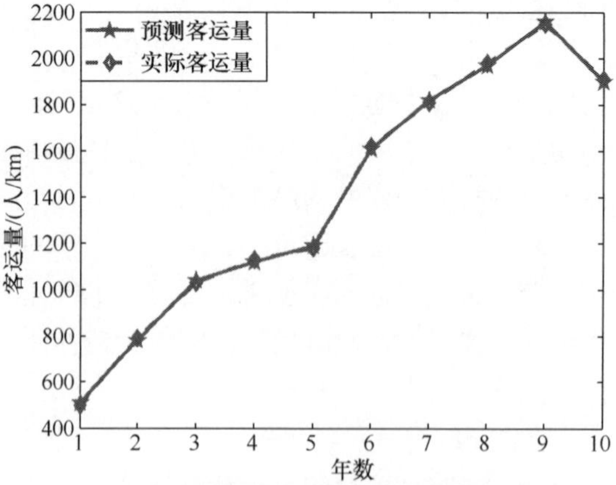

(a) 自行车高速公路客运量对比分析

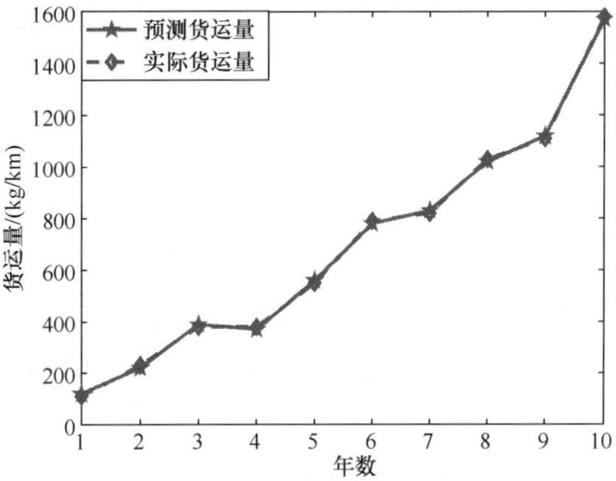

(b) 自行车高速公路货运量对比分析

图 6.5　自行车高速公路客运量和货运量对比分析

6.2.4　基于层次熵法的自行车高速公路综合评价

自行车高速公路的评价指标体系中包含很多评价指标，不同的评价指标对运行状况评价结果的影响不同，因此需要确定各个评价指标的权重系数。评价指标权重系数的确定可以通过主观赋权法或客观赋权法来实现。为了使评价指标权重系数既能符合客观数据规律，又能兼顾指标的经济意义，将主观权重系数与客观权重系数融合为组合权重系数，构建基于层次熵法的自行车高速公路综合评价模型。

1. 评价指标值的标准化处理

在自行车高速公路的评价指标体系中，各个评价指标的量纲不同(没有公度性)，因此需要对评价指标值进行标准化处理。这里采用改进的归一化方法，具体步骤如下。

1) 构建自行车高速公路的评价矩阵

在自行车高速公路的综合评价中，自行车高速公路的评价指标体系共包括 12 个评价指标，其中评价指标测度值用 $a_i (i = 1, 2, \cdots, 12)$表示；利用评价指标值，构建自行车高速公路的评价矩阵为

$$A = \begin{bmatrix} a_{11} & a_{12} & \cdots & a_{1n} \\ a_{21} & a_{22} & \cdots & a_{2n} \\ \vdots & \vdots & & \vdots \\ a_{121} & a_{122} & \cdots & a_{12n} \end{bmatrix} \tag{6.43}$$

其中，

a_{ij}——第 i 个评价指标关于第 j 个评价对象的评价指标值。

2) 自行车高速公路评价指标值的标准化处理

自行车高速公路的评价指标分为效益型评价指标和成本型评价指标，不同类

型的评价指标，其计算值的极值不同。因此，自行车高速公路评价指标值的标准化处理方法不同。

自行车高速公路效益型评价指标值的标准化处理为

$$b_{ij} = \frac{a_{ij}}{\sum_{j=1}^{n} a_{ij}} \tag{6.44}$$

自行车高速公路成本型评价指标值的标准化处理为

$$b_{ij} = \frac{\max\limits_{1 \leqslant j \leqslant n} a_{ij} + \min\limits_{1 \leqslant j \leqslant n} a_{ij} - a_{ij}}{\sum_{j=1}^{n} \left(\max\limits_{1 \leqslant j \leqslant n} a_{ij} + \min\limits_{1 \leqslant j \leqslant n} a_{ij} - a_{ij} \right)} \tag{6.45}$$

3) 构建自行车高速公路的标准评价矩阵

经过改进的归一化方法标准化处理后，得到自行车高速公路的标准评价矩阵：

$$B = \begin{bmatrix} b_{11} & b_{12} & \cdots & b_{1n} \\ b_{21} & b_{22} & \cdots & b_{2n} \\ \vdots & \vdots & & \vdots \\ b_{121} & b_{122} & \cdots & b_{12n} \end{bmatrix} \tag{6.46}$$

其中，

b_{ij}——第 i 个评价指标关于第 j 个评价对象的标准评价指标值。

2. 评价指标权重系数的界定

在界定自行车高速公路评价指标的权重系数时，分别采用结构熵权法界定评价指标的客观权重系数，采用层次分析法界定评价指标的主观权重系数，具体过程如下：

1) 基于结构熵权法的自行车高速公路评价指标权重系数界定

结构熵权法是一种利用信息论中的熵值客观界定指标权重系数的方法。在自行车高速公路标准评价矩阵的基础上，按照以下步骤确定自行车高速公路评价指标的客观权重系数：

(1) 计算第 i 个自行车高速公路评价指标的熵值为

$$e_i = -\frac{1}{\ln n} \sum_{j=1}^{n} b_{ij} \ln b_{ij} \tag{6.47}$$

(2) 计算第 i 个自行车高速公路综合评价指标的权重系数为

$$w_i = \frac{1 - e_i}{\sum_{i=1}^{12} (1 - e_i)} \tag{6.48}$$

2) 基于层次分析法的自行车高速公路评价指标权重系数界定

层次分析法是一种由专家界定指标相对重要程度的主观赋权法。根据自行车高速公路的评价指标体系，评价指标的主观权重系数界定如下：

(1) 构造自行车高速公路综合评价指标的评价矩阵。基于评价指标体系上层因素的影响，将相关的下层因素进行两两比较，根据比较结果构造自行车高速公路评价的评价矩阵。为了使自行车高速公路评价的评价矩阵便于计算，这里采用“1-9”标度法。

(2) 自行车高速公路综合评价指标的一致性检验。进行层次单排序之前，需要对构造好的自行车高速公路评价的评价矩阵逐一进行一致性检验。

(3) 自行车高速公路综合评价指标的层次单排序。自行车高速公路评价的评价矩阵经过一致性检验并满足要求后，计算评价矩阵最大特征值对应的层次单排序标准向量。

(4) 自行车高速公路综合评价指标的综合排序。将目标层单排序标准向量分别与准则层各个单排序标准向量的分量进行乘积求和运算，最终得到指标层相对于目标层的评价指标权重系数 $\alpha_i(i = 1, 2, \cdots, 12)$，结果如表 6.8 所示。

表 6.8　自行车高速公路综合评价指标权重系数

c_i	1	2	3	4	5	6	7	8	9	10	11	12
α_i	0.145	0.070	0.301	0.014	0.062	0.030	0.018	0.108	0.063	0.018	0.063	0.108

3. 自行车高速公路的层次熵评价模型

将基于结构熵权法确定的客观权重系数 w_i 与基于层次分析法确定的主观权重系数 α_i 进行有效融合，得到自行车高速公路的层次熵评价模型为

$$R_j = \sum_{i=1}^{12}\left[\frac{\alpha_i w_i b'_{ij}}{\sum_{i=1}^{12}\alpha_i w_i}\right] \tag{6.49}$$

其中，

$b'_{ij}\,(j = 1, 2, \cdots, n)$——经过百分制处理后的 b_{ij}；

$R_j(j = 1, 2, \cdots, n)$——第 j 个评价对象的评价值。

自行车高速公路的层次熵评价模型是一种集客观、主观为一体的较为贴合实际的评价模型，既能够利用专家的经验，又能够反映出数据的真实性。利用层次熵评价模型对自行车高速公路进行评价，能够反映出系统运行的优劣所在，通过专家的建议以及数据的证实，使得评价结果具有很高的参考价值。

4. 数例分析

利用自行车高速公路的层次熵评价模型进行数例分析研究。其中，在自行车高速公路综合评价中有四个待选方案。自行车高速公路系统的各方案等级界定见表 6.4。基于表 6.5 中的数据，使用 MATLAB 软件进行仿真研究，得出各权重系数结果，如图 6.6 所示。

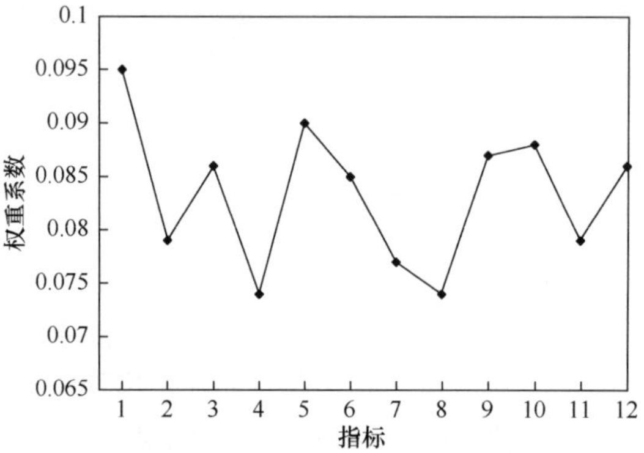

图 6.6　各指标的权重系数

由图 6.6 中得到自行车高速公路的各评价指标的权重系数，这样可以得到各方案综合评价分数，如图 6.7 所示。利用自行车高速公路的层次熵评价模型，在对自行车高速公路综合评价中，方案 3 综合得分最高，方案 4 次之，而方案 1 综合得分最低。因此，相比其他方案，方案 3 对自行车高速公路的建设具有一定的参考价值。

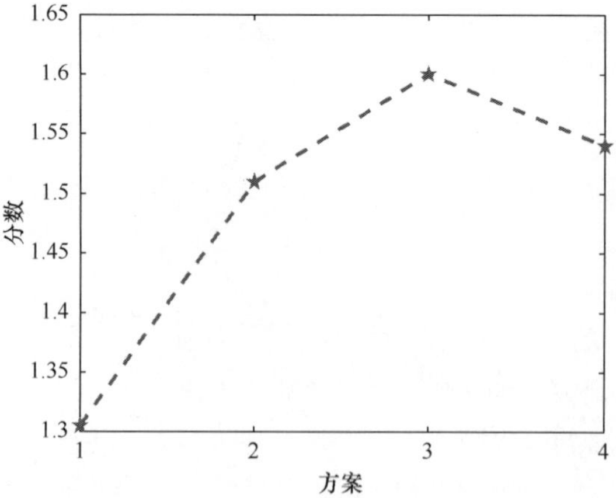

图 6.7　各方案的综合评价分数

6.3 小　　结

本章主要介绍了自行车高速公路的综合评价问题。在自行车高速公路系统中，在分析自行车高速公路的综合评价目的、内容、流程等基础上，构建了自行车高速公路的评价指标体系，利用集成法、DEA 法、神经网络分析法、层次熵法等，分别构建了自行车高速公路的综合评价模型，并进行了数例分析。

第 7 章　自行车高速公路的优化组合方法

在自行车高速公路的优化组合中，自行车高速公路优化组合的目的就是让自行车高速公路发挥更好的效能。自行车高速公路的优化组合是一个多目标问题。因此，在兼顾多方利益的基础上，通过自行车高速公路优化组合，使优化后的自行车高速公路效能更佳。而自行车高速公路线网优化组合是一个多目标问题，在解决自行车高速公路优化组合问题时，应该将这种多目标问题进行简化处理，达到事半功倍的效果。目前，在自行车高速公路的优化组合中，优化组合的多目标问题有以下三种解决方法。

(1) 基于“多变一”的优化模型。在自行车高速公路的优化组合中，将自行车高速公路的多目标优化问题转换为自行车高速公路的单目标优化问题，即转换成线性函数进行：

$$f\left(x_1, x_2, x_3, \cdots\right) = \sum_{i=1}^{\infty} w_i x_i \tag{7.1}$$

(2) 基于“多变少”的优化模型。在自行车高速公路的优化组合中，首先解决自行车高速公路优化的一个核心目标问题，然后解决其他问题，主要目标变成函数，次要目标变成约束条件：

$$f\left(f_1(x), f_2(x), f_3(x), \cdots\right) = \sum_{i=1}^{\infty} w_i f_i(x) \tag{7.2}$$

(3) 基于“多变多”的优化模型。在自行车高速公路的优化组合中，直接对自行车高速公路优化的问题进行组合研究、综合求解，建立组合优化模型：

$$f\left(f_1(x), f_2(x), f_3(x), \cdots\right) = \alpha_1 f_1(x) + \alpha_2 f_2(x) + \alpha_3 f_3(x) + \cdots \tag{7.3}$$

本章基于该思想对自行车高速公路优化组合问题进行研究，主要针对在机动车车道上扩建的自行车车道全路段提出优化设计方法和流程，包括自行车车道的基本路段优化设计、自行车车道出入口的优化设计和辅助服务设施的优化设计。

7.1　自行车高速公路优化原则

在自行车高速公路的优化组合中，自行车高速公路优化是自行车高速公路系统优化中不可分割的一部分。自行车高速公路优化注重多方的利益，主要侧重于自行车使用者，即骑行者的利益，通过自行车高速公路优化达到出行效率最高的目标。自行车高速公路优化的方法则通过转多目标为单目标的方法，优先求得核心目标优化，再进行多目标分析。本节从自行车使用者需求角度出发，充分考虑自行车出行特征，做到自行车交通系统与其他交通系统之间的接驳和换乘，提高自行车的出行比例。根据骑行者的需求，得到对自行车高速公路优化的原则如下：

(1) 高效性原则。在自行车高速公路的优化组合中，骑行者出行大部分为刚需目的，包括上下学、通勤等，这些目的会对出行的效率提出比较高的要求，自行车高速公路的高效性主要由出行距离和出行时间来决定。

(2) 安全性原则。在自行车高速公路的优化组合中，自行车极易受到外部交通的直接影响和干扰，自身的安全得不到任何防护，骑行者是道路交通使用者中的弱势群体，所以自行车高速公路的安全性应该作为首要考虑因素，道路的隔离形式和夜间行驶的照明设施等都是需要考虑的安全因素。

(3) 可达性原则。在自行车高速公路的优化组合中，骑行空间不连续会导致骑行者骑行过程中断，从而降低自行车出行比例，自行车高速公路的可达性在一定程度上能够提高出行效率，从而使自行车出行的比例得到提高。

(4) 引导性原则。在自行车高速公路的优化组合中，路面上的标识以及道路两边的指示牌，对骑行者尤其是不熟悉道路环境的游客有着一定的指引性，避免错误出行，增加不必要的出行时间。自行车高速公路的引导性对骑行者特别重要。

(5) 舒适性原则。在自行车高速公路的优化组合中，自行车高速公路的舒适性是指骑行环境可以让骑行者放松身心，感觉愉快，沿街特色建筑、设施以及环境的整洁度等都可以给骑行者带来一定的舒适感，也是增加骑行活动的主要因素。

7.1.1　自行车高速公路的优化目标

在自行车高速公路的优化组合中，自行车高速公路交通网络对居民的生活有很大的影响，自行车高速公路的规划与设计，必须以自行车高速公路客流发布量为依据，以方便居民出行为目的，并兼顾服务水平。因此，在规划或设计自行车高速公路交通网络时，必须考虑自行车高速公路网络优化的目标。自行车高速公路网络优化的总体目标就是为更多的居民提供便捷的骑行服务。

(1) 时间最小化函数关系式。在自行车高速公路的优化组合中，为使自行车高速公路使用者的总出行时间更少，要求尽可能地缩短出行时间，方便与其他交通方式的衔接等。时间最小化函数关系式为

$$\min_{i} F(\text{time}) = F_1(x_1, x_2, \cdots, x_n) \tag{7.4}$$

(2) 效率最大化函数关系式。在自行车高速公路的优化组合中，为使自行车

高速公路出行便捷化，要求自行车高速公路路线和线网的效率最大。效率最大化函数关系式为

$$\min_{i} F(\text{efficiency}) = F_2(x_1, x_2, \cdots, x_n) \tag{7.5}$$

(3) 良好可达性函数关系式。在自行车高速公路的优化组合中，要保证适当的自行车高速公路的线网密度，即良好可达性。良好可达性函数关系式为

$$\min_{i} F(\text{density}) = F_3(x_1, x_2, \cdots, x_n) \tag{7.6}$$

因此，在自行车高速公路的优化组合中，不但要保证自行车出行的高效性，而且要保证自行车出行的便捷性和舒适性。

7.1.2 自行车高速公路的优化算法

在自行车高速公路的优化组合中，自行车高速公路优化的影响因素及约束条件较多，一般来说，约束条件可分为自行车高速公路单条线路约束条件和自行车高速公路线网整体约束条件。自行车高速公路的约束条件确定好之后，就要利用合适的算法进行求解。

(1) 线路优化——自行车高速公路的单条线路优化过程。在自行车高速公路的优化组合中，自行车高速公路的单条线路在进行优化时，主要包括线路长度、起（终）点条件以及通行能力等一系列的约束条件，而每个约束条件又受到其他因素的干扰，例如，自行车线路长度与城市的规模、居民的平均骑行距离等有关，自行车线路长度过长会增加建设费用以及维护费用，过短又不利于自行车高速公路的大力发展，所以通过优化组合选择最佳自行车线路长度。

(2) 网络优化——自行车高速公路的线网整体优化过程。在自行车高速公路的优化组合中，自行车高速公路的线网整体优化是从整体最优出发对线网进行优化。自行车高速公路的线网整体优化需要考虑的约束条件与单条线路类似，但是对于整个自行车高速公路所有可能布线形式的搜索，计算量太大，难以实现。一般是通过组合优化，并考虑实际条件进行调整的。算法求解问题是自行车高速公路的线网整体优化模型成功的关键。采用合理的算法(如量子比特算法和蝙蝠算法)对自行车高速公路线网问题进行优化求解，能有效解决高维数据全局寻优的难题。

1. 量子比特算法

量子比特(qubit，又称量子位(quantum bit))算法是一种量子计算理论与进化算法相结合的概率搜索优化算法。采用量子位编码表示染色体，用量子门作用和量子门更新完成进化搜索。量子比特算法具有种群规模小且不影响算法性能、收敛

速度快和全局搜索能力强等特点[90]。在经典计算中采用 0 和 1 二进制比特表示信息，在量子计算中则采用描述微观粒子两种基本状态的 0 和 1，即量子比特来表示信息。其主要的运算步骤如下：

(1) 初始化。令 t=0，对量子种群 $Q(t)$进行初始化：$Q(t=0)=\{q_1^t,\cdots,q_j^t,\cdots,q_n^t\}$。其中，$n$ 表示量子种群规模，q_j^t 为量子个体，t 表示进化代数。

(2) 观测量子种群，产生二进制解集。对自行车高速公路的 $Q(t)$每进行一次观测，得到一个对应的二进制解集 $P(t)=\{x_1^t,x_2^t,\cdots,x_j^t,\cdots,x_n^t\}$，其中，$x_j^t$ 为一个长度为 m 的二进制序列且 $j\in[1,n]$，对应一个具体的家族性有限伙伴关系(familial limited partnership，FLP)和家族性腺瘤伙伴关系(familial adenomatous partnership，FAP)方案。

(3) 对 $P(t)$进行评价。计算得到评价函数集合 $f(t)=\{f_1^t,f_2^t,\cdots,f_j^t,\cdots,f_n^t\}$，其中，$f_j^t$ 为 x_j^t 对应的贷款基础利率(loan prime rate，LRP)方案总费用。在计算 f_j^t 时，需要将 x_j^t 对应的 FAP 方案作为输入参数传递给下层遗传算法(genetic algorithm，GA)进行多功能路由平台(versatile routing platform，VRP)优化，并根据 GA 返回的 VRP 优化方案计算相关运输费用。

(4) 更新量子比特算法最佳搜索解。判断是否满足停止条件：若满足，则停止运算，转向步骤(6)；否则，继续步骤(5)。

(5) 再次搜索。在自行车高速公路系统中，令 t=t+1；在自行车高速公路的优化组合中，基于当前最佳搜索解，依据量子门旋转策略更新 $Q(t)$；返回步骤(2)继续运算。

(6) 输出结果。输出最优自行车高速公路的 LRP 解。

2. 蝙蝠算法

蝙蝠算法是剑桥大学学者 Yang 于 2010 年提出的一种新型群智能仿生优化算法，它模拟自然界中蝙蝠通过超声波搜索、捕食猎物的生物学特性，是一种基于种群的随机寻优算法。蝙蝠算法是受自然界中的蝙蝠通过回声定位进行搜寻、捕食行为的启发演变而来的一种新型群智能仿生优化算法。将蝙蝠类比为在当前可行域内分布的搜索点，用目标函数值的大小来判断当前蝙蝠所处位置的优劣，将蝙蝠飞行移动来探测目标的过程类比为搜索目标函数最优解的过程。因此，在自行车高速公路的优化组合中，可以利用蝙蝠算法进行求解。

1) 虚拟蝙蝠的运动

在模拟仿真的过程中，必须使用虚拟蝙蝠，因此定义搜索空间中蝙蝠 i 的位置 X_i 和速度 V_i 的更新方式，即函数关系式[91]：

$$f\left(V_i^t\right)=V_i^{t-1}+(X_i^{t-1}-X^*)\left[f_{\min}+\beta\left(f_{\max}-f_{\min}\right)\right] \tag{7.7}$$

其中，

$f\left(V_i^t\right)$——蝙蝠 i 的频率，在实际问题求解中，可根据需要搜索范围的大小确定 f_i 的值，例如，令 $f_{\min}=0$、$f_{\max}=100$，初始时，每只蝙蝠按 $[f_{\min}, f_{\max}]$ 的均匀分布随机赋给一个频率；

X^*——当前全局最优位置(解)；

$\beta\in[0,1]$——服从均匀分布的随机向量。

因此，根据 t 时刻蝙蝠 i 的速度 V_i^t，其位置 X_i^t 可更新为 $X_i^t=X_i^{t-1}+V_i^t t$，类似其他仿生优化算法，在虚拟蝙蝠的搜索优化过程中，也可对其设定局部搜索行为。

2) 音量和脉冲发生率

脉冲发射响度 A_i 和脉冲发射速率 r_i 要随着迭代过程进行更新。在接近猎物的过程中，脉冲发射响度会逐渐降低，脉冲发射速率会逐渐提高。脉冲发射响度 A_i 和脉冲发射速率 r_i 的更新分别见式(7.8)和式(7.9)。

蝙蝠算法中的脉冲发射响度：

$$A_i^{t+1}=0.9A_i^t,\quad i=1,2,3,\cdots \tag{7.8}$$

蝙蝠算法中的脉冲发射速率：

$$r_i^{t+1}=r_i^0[1-\exp(-0.9t)],\quad i=1,2,3,\cdots \tag{7.9}$$

其中，

A_i^t——t 时刻蝙蝠 i 的脉冲发射响度；

r_i^t——t 时刻蝙蝠 i 的脉冲发射速率；

A_i^0——蝙蝠 i 的初始脉冲发射响度，通常随机给出；

r_i^0——蝙蝠 i 的初始脉冲发射速率，通常随机给出。

3) 基于蝙蝠算法的自行车高速公路优化组合

基于蝙蝠算法的基本原理，自行车高速公路组合优化算法的步骤如下：

(1) 种群初始化。设置种群大小为 N，最大的迭代次数为 Maxiter；蝙蝠 i 的初始脉冲发射响度为 A_i^0，初始脉冲发射速率为 r_i^0，脉冲频率的最大值为 $f_{\max}$ 和最小值为 $f_{\min}$；每只蝙蝠位置向量 X_a 的每一维随机取 1～a 的整数，X_b 的每一维随机取 1～L 的整数；每只蝙蝠的速度向量 V_a 的每一维随机取 $-(a-1)$～$(a-1)$ 的整数，V_b 的每一维随机取 $-(L-1)$～$(L-1)$ 的实数。

(2) 适应度值计算。根据式(7.7)计算每只蝙蝠当前最优解 $X(i)$ 及其对应的目标函数值 fitness(i)，并计算出当前种群最优解 X^* 及其对应的目标函数值 $g(i)(i=1, 2, \cdots, N)$。

(3) 判断是否满足算法结束条件(是否达到最大迭代次数 Maxiter)，若满足，则算法结束，输出最优解；否则，转步骤(4)。

(4) 根据式(7.8)以及重新定义的操作算子，计算得出蝙蝠 i 的一个待定解 X_{new}。

(5) 产生一个随机数 rand1，如果 rand1 $> r_i^0$，则对当前群体中最优蝙蝠的位置进行随机扰动得到一个新待定解。

(6) 产生一个随机数 rand2，如果 rand2 $< A_i^t$ 且 fitness(i) $< g(i)$，则转入步骤(7)。

(7) 接受这个新待定解，并根据式(7.8)和式(7.9)，更新 A_i^t 和 r_i^t。

(8) 排列蝙蝠，找到当前最优解并返回步骤(3)。根据高维数据结构的复杂性，决定初始投影方向数及寻优循环次数，也可根据主观目的确定优化次数。

7.2　基本路段的自行车车道优化方法

在自行车高速公路的优化组合中，自行车高速公路设计最重要的参数是自行车车道的宽度，其直接决定了自行车设施所占用的道路或者城市用地面积和所能提供的自行车通行能力。所以，自行车高速公路的优化目标可以表述为能够满足自行车车流通行能力和运行要求的最小车道宽度设计。图 7.1 为基本路段自行车车道优化流程图。

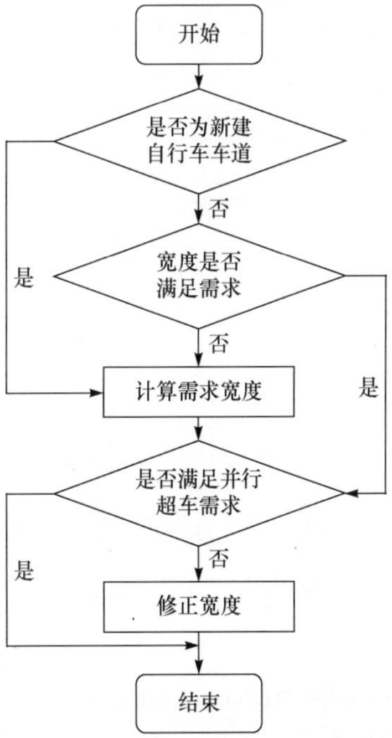

图 7.1　基本路段自行车车道优化流程图

自行车车道宽度的优化设计决定了其能够提供的通行能力，等于所服务的自行车车流的总体流量。因此，在自行车高速公路的优化组合中，研究选取自行车车道服务流量和骑行策略比例作为基本路段宽度计算的考虑因素，即服务流量和超车者比例作为计算输入，如果是对建成道路进行优化，还需要加入自行车车道现状宽度。

7.2.1　基于服务流量的自行车车道宽度优化模型

在自行车高速公路的优化组合中，自行车车道的宽度是依据其理论通行能力，以及对应路段的高峰交通流量来确定的。在自行车高速公路系统中，单条自行车车道的理论通行能力如表 7.1 所示。

表 7.1　单条自行车车道的理论通行能力

自行车车道类型		理论通行能力/(辆/h)
机动车车道与自行车车道分离	高低区别	1600～1800
	颜色区别	1800～2000
机动车车道与自行车车道无分离	高低区别	1200～1400
	颜色区别	1400～1600

在自行车高速公路优化组合中，基于表 7.1，自行车车道宽度示意图如图 7.2 所示。当对已有自行车车道进行宽度优化时，可以利用现状调查得到自行车车道的高峰期流量等数据，并可以根据调查结果决定自行车车道的优化宽度。在自行车高速公路系统中，自行车车道宽度设计是指设计位于道路连接段的部分，不包含自行车车道的出入口，针对自行车车道宽度的计算公式为

$$F(\text{width}) = q_c \frac{f(\text{width})}{q_h} \tag{7.10}$$

其中，

$F(\text{width})$——自行车车道宽度，m；

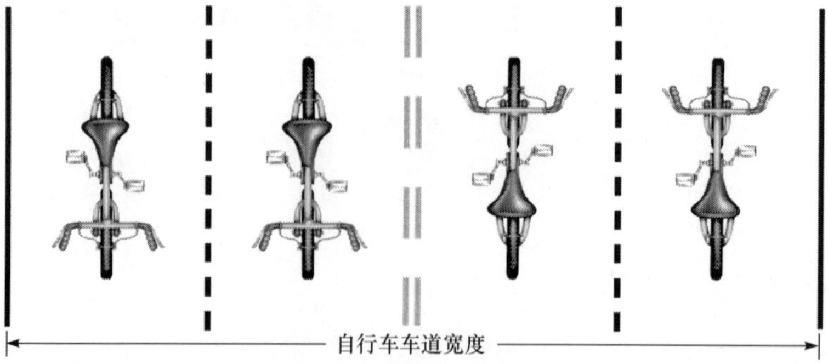

图 7.2　自行车车道宽度示意图

q_c——自行车高峰期流量，辆/h；

$f(\text{width})$——单条自行车车道宽度，m；

q_h——单条自行车车道理论通行能力，辆/h。

因此，在自行车高速公路的优化组合中，基于式(7.10)，可以根据计算结果决定是否需要对现有自行车车道的宽度进行优化，以及优化后的宽度为多少。当设计新的自行车车道时，自行车的流量可以根据需求预测得到，从而根据需求预测得到新建车道的宽度。

7.2.2　自行车并列行驶和超车行驶时的自行车车道宽度优化模型

在自行车高速公路的优化组合中，较大的自行车车流所带来的自行车的并列行驶和混行造成的超车现象也应该作为自行车车道宽度设计时需要考虑的因素。本节讨论基于领属空间理论的自行车并列行驶和超车行驶时的自行车车道宽度设计。

(1) 自行车高速公路的领属空间。自行车高速公路的领属空间是指从心理角度上人们认为属于自己的空间，如果感知到有物体进入，则会产生排斥行为。美国国家公路与运输协会标准组织提出了自行车最小行驶宽度 1.2m 和期望行驶宽度 1.5m 的宽度标准。我国的《交通运输手册》中提出自行车的两侧应该有最小 0.2m 的侧向净空宽度，最小行驶宽度 1.5m 和期望行驶宽度 2.0m 的宽度标准。

(2) 基于并列行驶的宽度设计。在自行车车流并列行驶的情况下，两辆自行车并列行驶的比例是最高的，因此自行车车道宽度设计也应该考虑两辆自行车并列行驶所需的舒适空间，根据美国国家公路与运输协会标准组织的推荐，单辆自行车行驶宽度不应小于 1.2m，期望行驶宽度 1.5m。基于该数据，考虑两辆自行车并列行驶时的宽度不应该低于 2.4m，期望行驶宽度 3m。图 7.3 为自行车并列行驶时的宽度设计示意图。

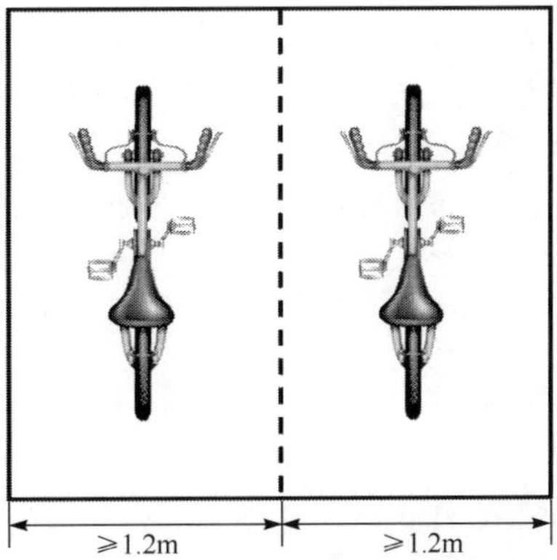

图 7.3　自行车并列行驶时的宽度设计示意图

(3) 基于超车行驶的宽度设计。在自行车车流的行驶过程中，超车事件发生的频率较高。相比于正常行驶，自行车超车时需要较大的横向或者侧向空间，通过研究超车时超越车辆和被超越车辆的侧向空间特征，可以为确定自行车车道的宽度奠定数据基础。在自行车高速公路系统中，对于自行车超车行驶时产生的三个间隙定义如图 7.4 所示。

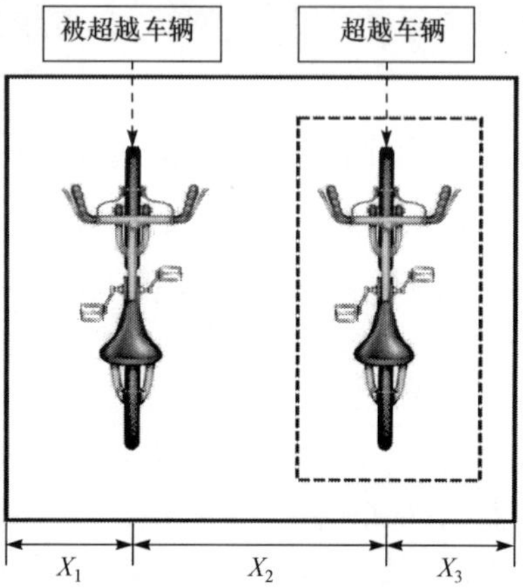

图 7.4　自行车超车行驶时产生的三个间隙定义

基于图 7.4，自行车高速公路在自行车超车行驶时的宽度为

$$F(\text{width}) = X_1 + X_2 + X_3 \tag{7.11}$$

其中，

X_1——被超越车辆中心距离最近路边的距离，m，建议值 0.45m；

X_2——超越车辆距离被超越车辆中心的距离，m，建议值 1.5m；

X_3——超越车辆中心距离最近路边的距离，m，建议值 0.6m。

在自行车高速公路上，超越车辆在超车过程中有任何减速或者规避操作视为非舒适超车，其他情况视为舒适超车。考虑自行车并列行驶和超车行驶的自行车车道宽度应该为大于等于 2.4m。在确定自行车车道宽度后，如果宽度小于该值，根据预测所设计自行车车道未来的常态出行流量和超车发生频率，当常态出行流量超过最佳流量区间的平均值或超车发生频率较高时，需要对自行车车道进行拓宽优化设计。

7.3　自行车高速公路车道出入口的优化方法

在自行车高速公路的优化组合中，自行车高速公路车道出入口的优化主要从减少冲突和提升安全的角度出发，对自行车与机动车进行空间和时间分离，减少机非冲突，降低行人和自行车之间的相互干扰。车道入口宽度限制可能会导致在高峰期产生自行车车群减速、自行车超车等问题，所以在车道入口段的关键参数为入口宽度。在车道出口段的关键参数为转向机动车与自行车的隔离宽度。图 7.5 为针对自行车车道出入口优化设计的流程图。

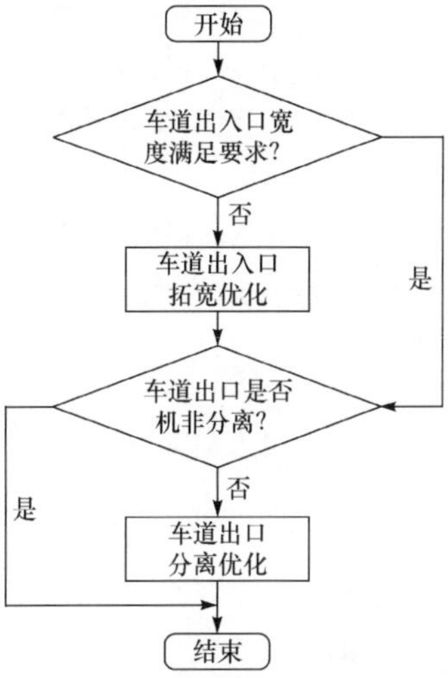

图 7.5　自行车车道出入口优化设计流程图

7.3.1　自行车高速公路车道入口段优化模型

在自行车高速公路上，上下班高峰期自行车车流以组团车群形式进入自行车车道入口段的概率大幅增大，当车群的膨胀宽度大于入口宽度时，车群在入口段会发生较多的冲突减速。在自行车高速公路系统中，自行车车道入口段示意图如图 7.6 所示。

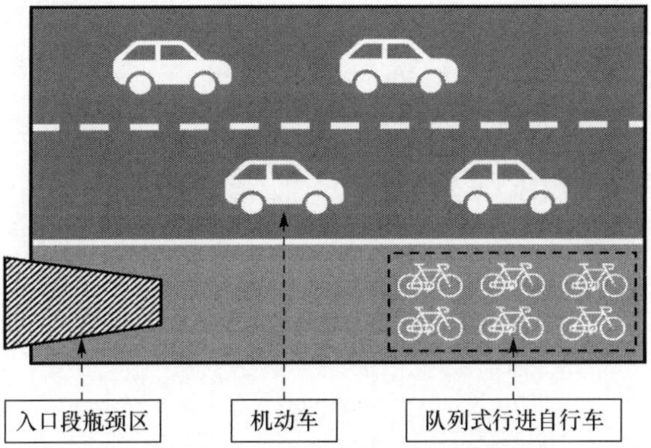

图 7.6　自行车车道入口段示意图

针对自行车车道入口段车流的行驶问题，入口段需要进行优化的参数为缩短自行车车流进入入口段的时间、减少自行车并列行驶和加快自行车超车进程，防止入口段形成瓶颈。

1. 自行车高速公路的宽度拓展模型

自行车车群的膨胀效应会导致当进入自行车车道时在入口段形成瓶颈区，同时在城区用地极度受限的条件下，对自行车车道全路段进行拓宽难以实现，所以仅对自行车车道的入口段进行拓宽设计。

在自行车高速公路上，假设自行车车道的高峰期流量为 q，取自行车车道理论通行能力 q_c，为了减少自行车车群在进入入口段时发生的并列行驶行为，自行车车道入口段需要拓宽的宽度为

$$\Delta F(\text{width}) = \frac{q}{q_c} F(\text{width}) - F(\text{width}) \tag{7.12}$$

其中，

$\Delta F(\text{width})$——自行车车道入口段需要拓宽的宽度，m；

q——自行车高峰期流量，辆/h。

2. 自行车高速公路的过渡段设计模型

自行车高速公路从入口段的拓展到基本路段之间存在一段宽度收窄的过渡段，该段的设计与自行车的转弯半径有关。根据美国《自行车车道规划指导标准》提出的经验公式，自行车高速公路上自行车的转弯半径函数为

$$F(\text{radius}) = 0.25 \frac{v}{v_d} + 0.5 \tag{7.13}$$

其中，

v_d——自行车的设计速度，km/h；

v——自行车的行驶速度，km/h；

$F(\text{radius})$——自行车在速度 v 时的转弯半径，m。

在自行车高速公路上，假定在自行车车道拓展区的使用者多为超车者，根据几何关系，可以求得过渡段的长度为

$$F(\text{length}) = \sqrt{\Delta F(\text{width})\left[2\Delta F(\text{radius}) - \Delta F(\text{width})\right]} \tag{7.14}$$

其中，

$F(\text{length})$——自行车高速公路的过渡段设计长度，m。

7.3.2　自行车高速公路车道出口段优化模型

在自行车高速公路上，自行车车道出口段的转弯半径不足可能会导致右转的机动车在转向的过程中车身一侧刮擦自行车的事故。这是由于自行车车道和右转车道的位置设置得过于紧密，隔离宽度不足以提供机动车和自行车之间的缓冲带，机动车需要借助自行车车道才能完成右转。因此，在出口段的关键设计参数为机动车车道和自行车车道的隔离宽度。在自行车高速公路上，图 7.7 为未优化自行车车道出口段示意图。

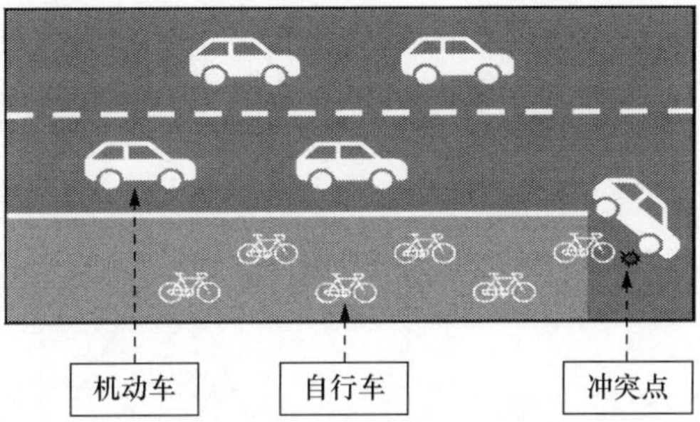

图 7.7　未优化自行车车道出口段示意图

在自行车高速公路上，在自行车车道和右转车道之间设置宽度不小于 4.5m 的安全隔离带。基本路段向出口段的转弯半径为 4.5m。在自行车高速公路的出口段，自行车车流开始减速，所以该处弯道也起着减速的作用。

7.3.3　自行车高速公路车道出入口优化设计效果

在自行车高速公路上，完成了对自行车车道宽度和出入口的优化设计后，针对优化设计优点和效果进行说明。在自行车高速公路上，自行车车道优化设计效果如图 7.8 所示。

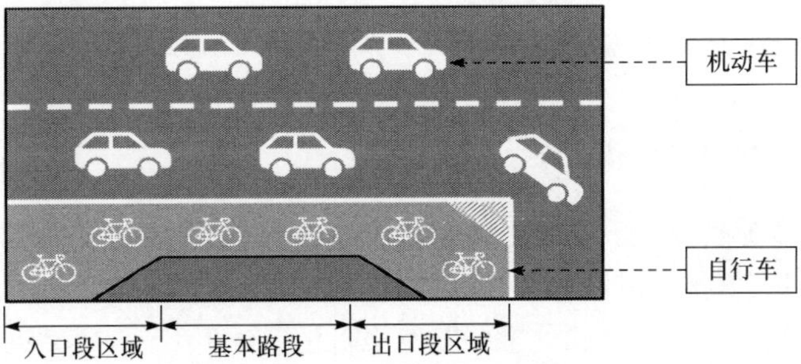

图 7.8　自行车车道优化设计效果图

(1) 自行车高速公路入口段的优化效果。在自行车高速公路上，在入口段实施的拓宽优化设计的优点：一方面，增强了自行车高速公路入口段的通行能力；另一方面，降低了自行车高速公路单位宽度的自行车车流，减小了自行车高速公路上自行车并列行驶的概率。

(2) 自行车高速公路车道基本路段的优化效果。在自行车高速公路上，基本路段优化设计的优点：一方面，针对自行车行驶需求提供针对性设施供给，利用了自行车高速公路上的空地；另一方面，满足自行车车流中并列行驶和超车行驶所需要的合适空间，提升了自行车高速公路上整体骑行舒适度。

(3) 自行车高速公路车道出口段的优化效果。在自行车高速公路上，出口段优化设计的优点：一方面，实现右转机动车和自行车的空间分离，消除了危险隐患；另一方面，降低了自行车车流进入出口段的速度，顺延了自行车高速公路上低速通过出口段的运行要求。

7.4　自行车高速公路辅助服务设施优化方法

在自行车高速公路上，对辅助服务设施的优化是为了方便骑行者的出行，使更多的人有骑行的意愿，从而达到减少交通拥堵、环保出行的目的。从自行车高速公路的停车设施优化方法开始研究，复杂的交叉口如图 7.9 所示。

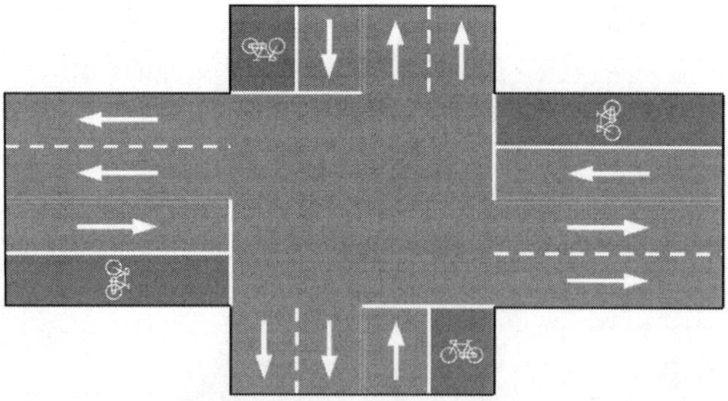

图 7.9　复杂的交叉口示意图

7.4.1　自行车停车设施优化方法

在自行车高速公路上，自行车停车设施是影响骑行的重要因素，缺乏足够的停车区域会导致自行车乱停乱放、管理困难，从而降低人们使用自行车出行的意愿，自行车停放的安全问题和环境问题也是阻止自行车出行的重要原因之一。因此，在自行车高速公路上，对自行车停车设施的布局优化包括停车区域的位置、停车位的数量和停车管理等方面。

1. 自行车高速公路的路段停车设施

在自行车高速公路上，在自行车流量较大的区域应该加大自行车路段停车点的密度，采取分散布设停车点，充分利用建筑退让空间、各类边角用地、绿化带和行道树空隙，设置画线停车区域。设置在建筑出入口的停车点可以作为短时停车，应尽量保证与自行车车道的连接且在安全范围内，避免自行车出入与机动车产生冲突。自行车路段停车如图 7.10 所示。

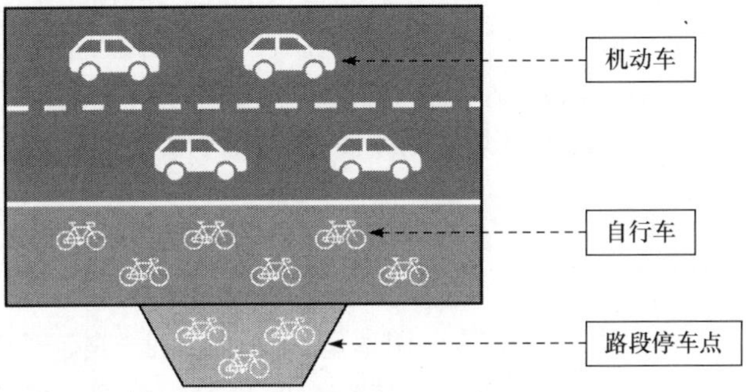

图 7.10　自行车路段停车示意图

2. 自行车高速公路的站点停车设施

在自行车高速公路上，要在不同的站点设计停车设施。例如：首先，在大型的公共交通枢纽站点，可以利用站前广场集中设置自行车停车场，应配有相应的停车架和停车标识等设施；其次，在中小型的公共交通枢纽，可以利用站点附近的公共空间或者边角用地设置停车点；最后，在小型公交或地铁站点的附近，可以利用人行道、绿化带或行道树间隔空间停放自行车，通过设置栏杆或是画线划分停车空间。自行车站点停车如图 7.11 所示。

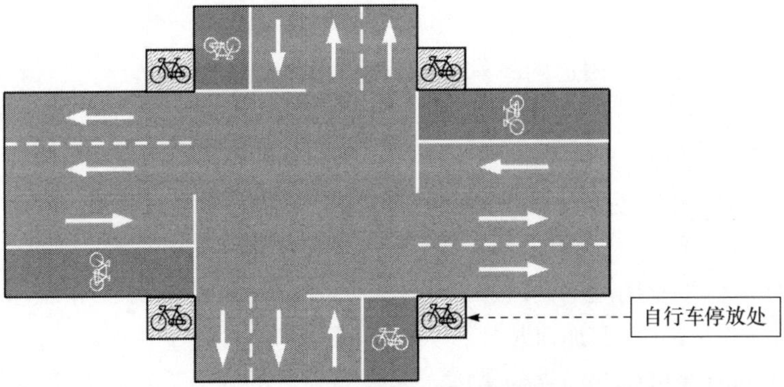

图 7.11　自行车站点停车示意图

7.4.2 其他服务设施优化方法

在自行车高速公路上，针对其他服务设施的优化主要从提高骑行者的骑行体验和方便性角度出发，对道路标识、绿化程度和照明设施等方面提出优化建议及方法。

1. 自行车的道路标识

在自行车高速公路上，不但要在自行车车道上设置专用的指引标识，而且要增加一般自行车车道上的导向标识，特别是在景区和地标性建筑可以设置有文化内涵的个性化标识。这样在自行车高速公路上，不但提高了自行车车道的识别度，而且在自行车高速公路路口或者复杂路段通过增加自行车车道标识牌来提升地面标识清晰程度。

2. 自行车的照明设施

在自行车高速公路上，自行车专用道上应该配备独立的骑行照明设施，保证骑行者夜间出行的安全。自行车车流较大的路段应该适当增大照明设施密度，也要兼顾照明范围和使用者的视觉舒适度，选取能够展示地方文化特色的照明系统。

7.5 自行车高速公路车道优化的案例分析

2019 年 5 月 31 日，北京市首条自行车专用道正式开通，全长 6.5km，东起昌平回龙观，西至海淀上地。该自行车专用道属于全封闭路段，限速 15km/h。因此，本节将北京回龙观自行车专用道作为案例进行分析，注意针对自行车专用道从 2019 年 6 月至 2020 年 1 月的流量数据进行分析，优化前后自行车车道每个月的日均流量数据如图 7.12 所示。

根据北京自行车专用道的案例分析，从图 7.12 中可以看出，自行车车流数据具有明显的时间变化，在天气过于炎热和过于寒冷的时候，自行车车流明显减少，在假期较多和天气适宜的情况下，自行车车流会相应增多，例如，2019 年 10 月自行车车道日均流量达到了最高值，这对以后推动建设自行车专用道有着启发作用。

在北京自行车专用道的案例分析中，图 7.13 是自行车专用道在优化前后每月发生事故次数曲线，在交通流量比较大的时候，事故发生的次数随之增加，所以在流量较大的时期可以加强管控措施，保障骑行者的安全。在针对事故发生原因进行优化后，事故发生次数降低得比较明显。

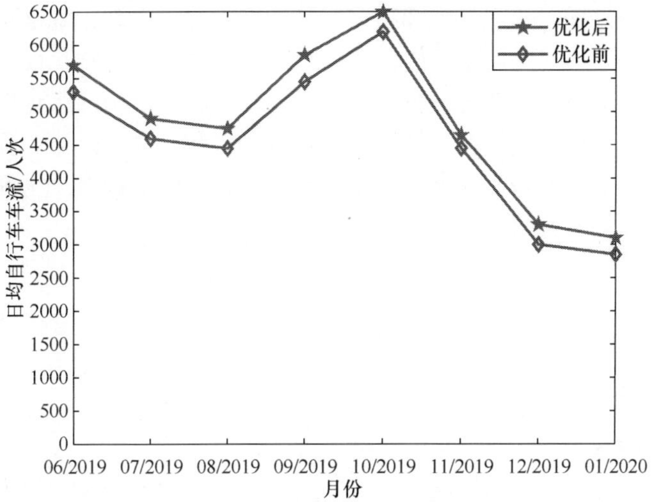

图 7.12　优化前后自行车车道每月的日均流量数据

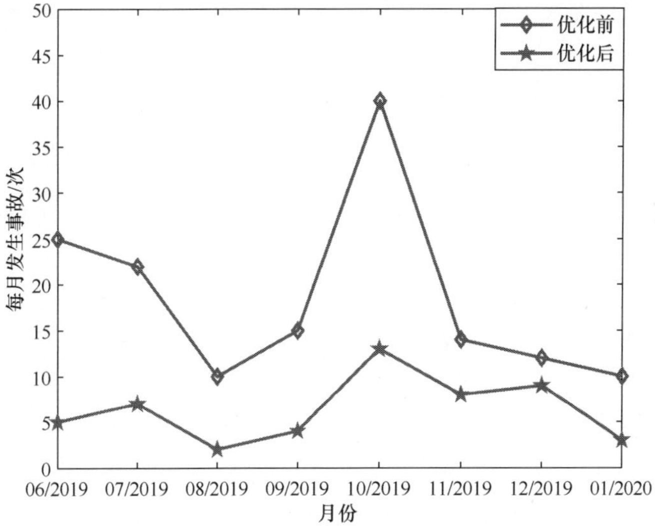

图 7.13　优化前后自行车车道每月发生事故次数曲线

7.6　小　　结

为了科学合理地研究自行车高速公路网络，本章主要介绍了自行车高速公路优化组合的流程结构以及优化模型，主要以成本最小化、出行便捷化等为优化目标函数，构建确定自行车高速公路的优化组合模型，并对自行车基本路段、自行车车道出入口段进行了优化设计，提出了基于自行车车道服务流量的宽度设计方法，给出了考虑自行车并列行驶和超车行驶的宽度优化设计，基于自行车车道出入口段存在的通行和安全问题，提出了自行车车道出入口的优化设计。在自行车高速公路的优化组合中，针对自行车车道上的辅助服务设施的优化提出了解决方案，最后对案例进行了优化前后的比较分析。在自行车高速公路系统中，自行车高速公路的优化组合模型在符合自行车车流最大目标的基础上，达到了自行车高速公路系统最优化的目的。

第 8 章　自行车高速公路的安全保障体系

自行车高速公路的安全保障体系对于自行车高速公路的发展及运营具有重要意义。本章从系统工程角度出发，提出自行车高速公路安全保障体系的框架，并以车(自行车)、人(骑行者)、路(自行车车道)以及环境(道路系统)为四个子系统，阐述自行车高速公路安全保障体系子系统之间的关系。

(1) 车——自行车。在自行车高速公路的安全保障体系中，自行车作为自行车高速公路中的交通工具，其性能直接影响骑行者的骑行体验以及骑行安全。因此，在出行之前，骑行者需要对自行车进行检查，日常也要注意对自行车进行保养维护。

(2) 人——骑行者。在自行车高速公路的安全保障体系中，骑行者作为自行车高速公路的使用者，是其中最为灵活的要素。因此，保护骑行者的安全，是自行车高速公路安全保障体系中最为重要的部分。骑行者的安全要从对骑行者的教育培训、制定相关规章制度等方面入手。

(3) 路——自行车车道。在自行车高速公路的安全保障体系中，自行车车道系统作为自行车高速公路中最为重要的基础设施，其路面上交通标识的设置与安放、维修站点的设置等对骑行者的安全也起到至关重要的作用。自行车高速公路中的路(自行车车道)如图 8.1 所示。

图 8.1　自行车高速公路中的路

(4) 环境——道路系统。在自行车高速公路的安全保障体系中，环境主要是指自行车高速公路周围的绿化环境以及面临的气候环境等，为了缓解疲劳，避免交通事故，在道路周围建设绿化带非常重要，天气因素具有不可抗力性，但是也要防患于未然。自行车高速公路中的环境如图 8.2 所示。

图 8.2　自行车高速公路中的环境

在自行车高速公路的安全保障体系中，以人(骑行者)、车(自行车)、路(自行车车道)以及环境(道路系统)四个子系统为基础，结合立法层面的管理等相关内容，确立了自行车高速公路安全保障体系的框架结构，如图 8.3 所示。

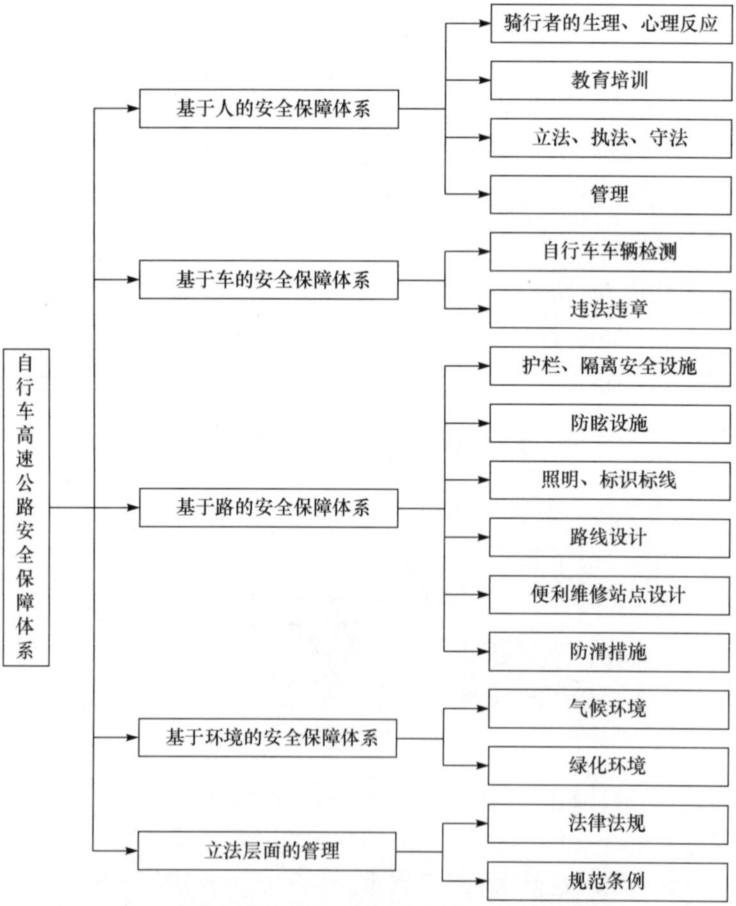

图 8.3　自行车高速公路安全保障体系的框架结构

8.1　自行车高速公路的安全保障机理

在自行车高速公路的安全保障体系中，自行车高速公路的安全行驶关系到人的生命安全与财产损失，因此科学地建立自行车高速公路安全保障体系十分必要。本节将自行车高速公路的安全保障体系划分为人、车、路、环境四个子系统进行探讨。在这些子系统要素中，人是主体，起着主导控制作用；车是交通工具，起着驱动作用；路是基础设施，起着支撑作用；环境是影响因素。这些要素对自行车高速公路的安全行驶各自起着保障作用。自行车高速公路安全保障体系网络关系如图 8.4 所示。

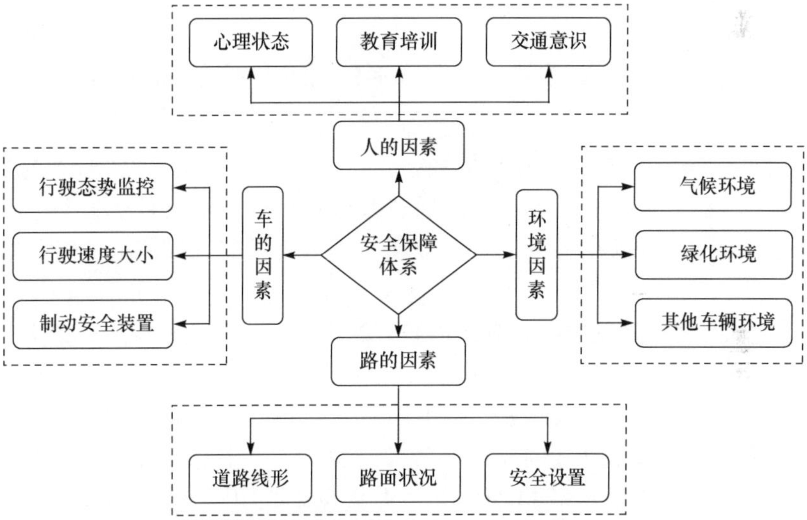

图 8.4　自行车高速公路安全保障体系网络关系

(1) 基于人的自行车高速公路安全保障体系。骑行者作为自行车高速公路中的主动因素，其安全是至关重要的，也是建立自行车高速公路安全保障体系的关键。因此，骑行者安全保障系统是自行车高速公路安全保障体系中最为重要的子系统。可以将骑行者按照不同的标准划分，例如，按照生理划分，即年龄或者性别，不同生理及心理状况的骑行者在建立安全保障体系时都要考虑到，涉及的培训内容会存在差异，但是最终目的都是保障人的安全，使人顺利到达目的地。

(2) 基于车的自行车高速公路安全保障体系。自行车作为自行车高速公路中的交通工具，其形式状态关乎骑行者的生命安全，在特定的道路上必须限制自行车的行驶速度，必要时设置一定的惩罚措施。在骑行者出行之前，要注意检查自行车的工作状况，检查车闸是否工作正常，特殊天气下要记得换特殊的轮胎等，这些看起来很琐碎的事情，却是保证安全必不可少的。

(3) 基于路的自行车高速公路安全保障体系。道路的线形是否合理、道路上标识标线是否清晰、服务站点是否覆盖全面等都是需要考虑的，这些基础设施的建设直接影响骑行者的骑行状态。骑行者可以通过清晰的标识标线安全行驶。同样，也会因为标识标线的失误陷入危险，所以在设置基础设施时，要充分进行实地调查，做好各种突发状况引起紧急事件的准备。

(4) 基于环境的自行车高速公路安全保障体系。环境因素主要包括其他车辆对自行车高速公路中骑行者的干扰、周围的绿化环境以及气候环境等。例如，绿化环境的存在主要是为了避免骑行者长期骑行的视觉疲劳，降低交通事故发生的风险；而气候环境作为不可抗力，在建立自行车高速公路安全保障体系时，尽量要考虑全面。

8.2 基于人的自行车高速公路安全保障体系

在自行车高速公路的安全保障体系中，自行车高速公路能使骑行者拥有更快捷、更安全、更舒畅的骑行体验，并通过改善自行车的骑行环境，来鼓励更多的市民热衷骑行，可以减轻城市交通拥堵，减少交通废气排放，同时兼有健身的作用。

在荷兰和丹麦这样的国家，其政府统计数据表明，人们骑行的距离平均分别为每年 900km 和 500km 左右，骑行者每骑行 10 亿 km 的死亡人数分别为 10.7 人和 14.6 人。美国政府统计数据表明，美国骑行者的骑行距离平均为每年 47km，美国骑行者每骑行 10 亿 km 的死亡人数却高达 44 人，这表明骑行的人越多，自行车出行可能遭遇交通事故越少，伤亡人数也越少[91]。经济合作与发展组织(Organization for Economic Cooperation and Development，OECD)的一份研究报告实际上表明，一个国家骑行的人越多，骑行的死亡率往往越低。这种“人多更安全”的现象很容易理解——骑行的人越多，意味着骑行者的安全意识越高。在交通拥堵的城市地区，独自骑行的人更容易遭遇车祸和受伤。2017 年一些国家的骑行情况如图 8.5 所示。

在自行车高速公路的安全保障体系中，人是自行车高速公路中最活跃的因素，因此合理规范骑行者的行为有助于确保自行车交通安全。根据调查的数据显示，95%的交通事故都是人为因素造成的。自行车高速公路安全设施和路况都较为良好，且实行的是“全封闭”方式，这就导致了骑行者在行驶过程中容易放松警惕，在面临突发状态时反应不够及时，就容易发生交通事故。

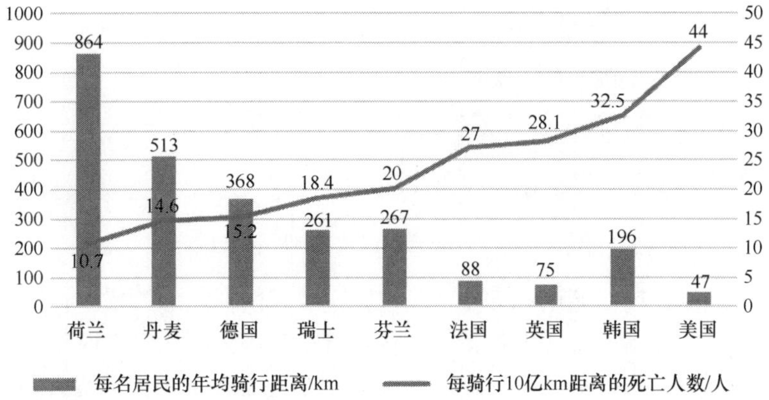

图 8.5　2017 年一些国家骑行情况

8.2.1　骑行者的心理特性

在自行车高速公路的安全保障体系中，就人为因素导致的交通事故来看，事故发生原因主要在于骑行者的主观知识经验方面和自行车高速公路交通常识方面知识的缺乏，以及薄弱的交通法规意识等。骑行者通过感知器官，主要是眼睛和耳朵将外部的环境信息输入大脑中枢神经系统，大脑中枢神经系统通过一定的信息处理过程，将骑行行为通过身体运动器官——手、脚、臀等来控制自行车的车把、脚蹬和鞍座来控制自行车的运动(加速、减速、转弯等)；而自行车的运动又改变和影响外部的环境信息[92]。在自行车高速公路系统中，骑行者心理过程如图 8.6 所示。

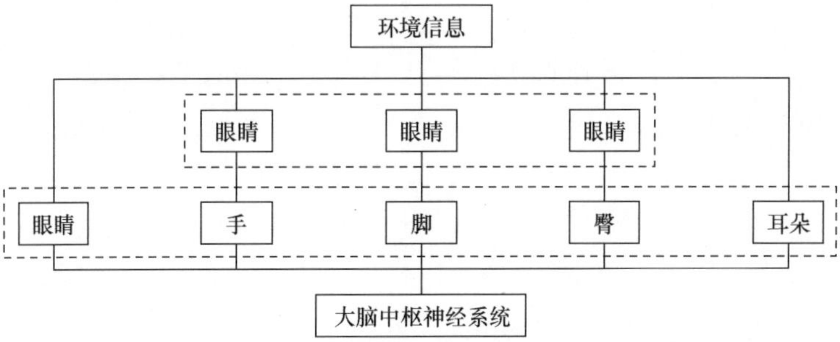

图 8.6　骑行者心理过程

在自行车高速公路的安全保障体系中，心理因素如行为态度、主观规范等既相互独立，又两两相关，共同对行为意向产生作用，从而促使行为的产生。同时，知觉行为控制和行为经验还对行为本身有着直接的作用。在自行车高速公路系统中，造成骑行不安全行为的心理活动过程如图 8.7 所示。

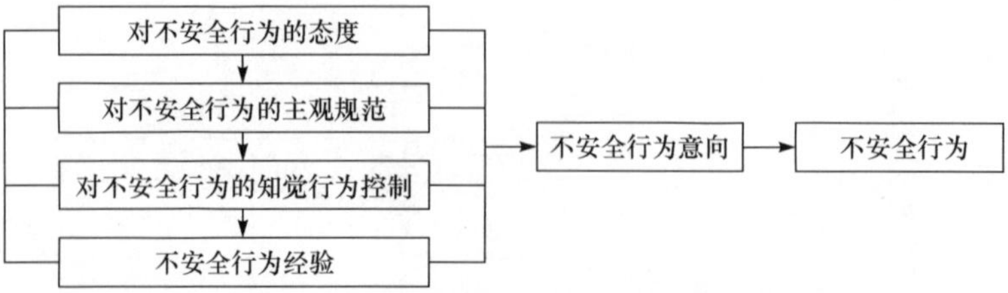

图 8.7　骑行不安全行为的心理活动过程

根据心理学，骑行者的心理特征较多，主要有惧怕心理、超越心理、离散心理、从众心理、习惯心理等多种特征。在自行车高速公路的安全保障体系中，通过统计分析，骑行的不安全行为共有 20 项，每项包含一种不安全行为。在自行车高速公路系统中，这些行为分别代表空间侵占、出行轻视、强行前进、漠视他人、高速行车五个不安全因素[93]，如表 8.1 所示。

表 8.1　不安全骑行行为

类型		不安全行为
第一类	空间侵占	在机动车车道上骑行
		逆向行驶
		在人行道上骑行
第二类	出行轻视	单手骑行或者双手脱把
		车闸失灵或不用车闸
		一边骑行一边打电话
		一边骑行一边听歌
		一边骑行一边聊天
		一边骑行一边看风景
		雨天打伞骑行
第三类	强行前进	交叉口不遵守交通信号
		强行超车
		骑行时突然横穿马路
第四类	漠视他人	酒后骑行
		骑行时走 S 路线
		并列骑行

续表

类型		不安全行为
第五类	高速行车	高速骑行
		下坡速度太快
		高速骑行时追逐嬉戏
		转弯处骑行速度过快

在自行车高速公路的安全保障体系中，骑行者的不安全行为因其年龄、性别、收入、学历等存在差异。因此，分析不同背景下骑行者的影响十分必要。可以根据软件分析行为经验的调查数据，从年龄、性格、收入、家庭情况等多方面进行不安全行为的差异性分析，通过调查数据分析可知，在调查人群中普遍存在对不安全行为没有正确认识、自觉守法能力较弱和普遍有不安全行为经验等问题，因此在防范自行车交通事故的理念下，应当加强骑行者的交通安全意识以及扩大交通安全方面的宣传与培训范围。

8.2.2　骑行者的生理特性

在自行车高速公路的安全保障体系中，骑行者的生理特性主要包括视觉特性、反应特性以及平衡特性等方面。眼睛是骑行者获取信息的主要器官，因此视觉特性对于骑行者尤为重要，主要通过视敏度、动视力和视野等来体现；平衡特性对于骑行者也很重要，因为自行车本身只有两个车轮，身体平衡才能够驾驭。同样重要的还有反应特性以及疲劳特性。生理特性的比较如表 8.2 所示[94]。

表 8.2　生理特性的比较

名称	内容		量化方法	备注
视觉特性	视敏度	指分辨物体细节和轮廓的能力，是人眼分辨物体的最小维度	视敏度一般是以视角的倒数来表示	视觉提供给骑行者约 85%的交通信息
	动视力	指骑行者在骑行过程中的视力	动视力比静视力低 10%～20%	
	视野	当眼球转动时，所能看到的范围	每只眼睛上下(垂直视野)达 135°～140°，左右(水平视野)达 150°～160°	
反应特性	骑行者的感知	骑行者通过视觉、听觉等接收外部刺激	信息传递给大脑知觉中枢	反应是由外界因素的刺激而产生的知觉-行为过程
	骑行者的识别	大脑接收外部感觉器官传递的刺激信息	对刺激进行辨别和解释	

续表

名称	内容		量化方法	备注
反应特性	骑行者的判断	大脑中枢对刺激进行辨别和解释	针对刺激做出相应的反应和决策	反应是由外界因素的刺激而产生的知觉行为过程
	骑行者的反应	传递给运动中枢，由决策引起的肢体反应	外部刺激做出反应	
疲劳特性	骑行时间	骑行者体能消耗感	相对代谢率	疲劳是由骑行时间和强度产生的知觉行为过程
	骑行强度	骑行者体能缺乏感	自感疲劳程度	
	骑行环境	骑行者路线地理条件	心理负荷	

8.2.3 骑行者的行为特性

在自行车高速公路的安全保障体系中，骑行者的行为特性主要包括骑行速度和停车次数，本节从这两个方面进行分析研究。

1. 骑行速度

在自行车高速公路系统中，由于不同人群的体力、耐力各不相同，所以不同人群骑行速度也不一样。通过统计分析可知，少年由于体力好，用的加速时间最长，同时减速时间最短；老年由于体力差，用的加速时间最短，同时减速时间最长。并且研究还表明，少年骑行速度较慢且加减速比较明显，整个过程速度状态最不稳定。所以，在骑行速度方面，少年为“不安全行为人群”。不同年龄层骑行速度比较如表 8.3 所示。

表 8.3　不同年龄层骑行速度比较

年龄层	速度/(km/h)	加速时间/s	减速时间/s	匀速时间/s
少年	0～15	150	100	640
青年	20～35	130	110	650
中年	15～30	120	115	660
老年	10～20	110	120	670

2. 停车次数

通过统计分析可知，停车次数随着年龄的增长而增多，特别是老年由于体力较差，停车次数最多。在自行车高速公路系统中，停车次数的多少和性别、年龄等有关。国内外研究统计发现：一方面，在一定程度上反映了骑行者的操作水平，中老年的停车次数最多；另一方面，在一定程度上反映了人的体能曲线。不同人群骑行特性分析如表 8.4 所示。

表 8.4　不同人群骑行特性分析

指标	性别		年龄			
	男性	女性	少年	青年	中年	老年
骑行速度	快	慢	不稳定	较稳定	稳定	最稳定
停车次数	少	多	多	较多	最少	最多

8.2.4　基于人的安全保障措施

在自行车高速公路的安全保障体系中，自行车交通不安全行为主要是指骑行者在骑行过程中有可能对自身或者他人造成人身或者财产伤害的行为。在现实环境中，年轻人，尤其是男性青年，有较好的自行车操作技术，体力及耐力都好于中年人和老年人。但是其也存在很大的安全隐患，如骑行速度较快、忽视交通信号、违规情况较多等。同时，研究中还发现，公民在骑行过程中存在注意力不集中、忽视信号灯等行为。因此，为了安全起见，必须进行人的安全教育，如表 8.5 所示[95]。

表 8.5　人的安全教育

名称	内容		备注
宣传内容	知识	自行车交通安全知识教育	自行车交通属于道路交通范畴
	责任	自行车交通责任教育	
	习惯	自行车交通习惯教育	
宣传方式	政府	加大对宣传的投入，并且采用多部门协同合作的方法	宣传工作做到群众中
	媒体	通过不同的形式，在日常的生活中进行交通安全教育	
	社区	不定期举办以交通安全为主题的宣传活动	
	学校	开设相应的交通安全课程	
教育培训	青少年	安全骑行光荣，违章骑行可耻	针对性的教育培训对自行车安全运营是有益且必要的
	家庭	提倡家庭式交通安全教育	
	宣传	人人规范骑行，人人争做榜样	
	公民	提高骑行注意力	

在自行车高速公路的安全保障体系中，对于自行车交通安全宣传教育是通过提高骑行者的法规意识和安全意识，从而达到自觉遵守自行车法规，增强自我保护意识，达到提升自行车高速公路交通安全性的最终目的。

在自行车高速公路的安全保障体系中，要建立针对自行车交通不安全行为问题的相关法制，最基本的途径就是完善自行车交通安全立法，这是自行车交通安全制度的最基本依据，对于所有自行车使用者都具有法律上的约束力。基于自行车高速公路的行驶特点以及骑行者在心理、生理和骑行行为的特征分析，针对骑行者管理的自行车高速公路安全管理措施如下：

(1) 未满 14 周岁不得独自骑行上自行车高速公路。在自行车高速公路的安全保障体系中，虽然自行车的行驶速度比机动车慢，但是自行车高速公路与传统自行车交通还是有区别的，自行车高速公路上的交通流量大，车速快，速度可达 40km/h，而且对自行车高速公路上的骑行者有具体的骑行规范，并且在处理自行车突发事故时年龄太小的骑行者不具有完全行为能力，因此对骑行者的年龄有限定。

(2) 骑行者需要考核取得“骑车证”。在自行车高速公路的安全保障体系中，同机动车驾驶证的取得一样，要求骑行者经过正式的骑行培训，掌握骑行规范与原则，以及在突发事件时采取的急救、自救措施，为骑行者的顺利安全骑行保驾护航。

(3) 骑行者必须戴好安全帽。在自行车高速公路的安全保障体系中，前面提及自行车高速公路上自行车的行驶速度能达到 40km/h，因此要求骑行者戴上安全帽以保证安全骑行。

(4) 当骑行者转弯变道时，需要按行驶规范提前做好手势并拨亮提示灯。在自行车高速公路的安全保障体系中，自行车需要提前按规范加装警示灯，以便在行驶过程中向其他骑行者表现骑行轨迹，避免冲突。

(5) 靠右骑行，谨慎超车，禁止逆行；遵守骑行规则，避免不安全的骑行举止。在自行车高速公路系统中，禁止酒后骑行和疲劳骑行。

(6) 禁止骑行时打电话、玩手机；禁止嬉笑打闹、并排骑行。任何不安全不合规范的行为都有可能引发交通事故。

(7) 学习骑行安全规则和骑行者文明礼貌守则；禁止随意抛掷垃圾杂物、吐痰。

(8) 禁止载人。在自行车高速公路系统中，载物不能超过规范要求的质量；载人、载物都有使自行车行驶失去平衡的危险。

(9) 禁止打伞骑行。在自行车高速公路系统中，打伞会妨碍自己和他人的视野，致使危险发生。

在自行车高速公路的安全保障体系中，为了保障骑行者的安全，就需要建立人的安全保障子系统。首先，对规划者来说，要树立以人为本的观念，在自行车高速公路筹建、运行等各个方面尽量满足骑行者的需求，向有利于人身安全的方面发展，也要充分分析骑行者的心理状态，避免出现不安全行为；其次，对使用者来说，骑行者也要对自己有明确的定位，根据自身的身体状况选择是否骑行以及骑行距离等；最后，对管理者来说，可以通过宣传教育帮助骑行者以及经营者深化认识，同时希望有关部门加强监管，制定相应的管理条例，共同保障自行车高速公路骑行者的安全。

8.3　基于车的自行车高速公路安全保障体系

在自行车高速公路的安全保障体系中，由于自行车高速公路上自行车行驶速度较快，所以对车辆的品质就有一定的要求。特别是对于容易发生状况的自行车零部件，骑行者应该做到对其进行出行前的维护和检查，以保障出行的安全性。因此，要研究基于车的自行车高速公路安全保障体系。

8.3.1　自行车的分类及选择

在自行车高速公路的安全保障体系中，骑行过程中自行车的选择尤为重要。不同类型的自行车适合不同的骑行者以及道路环境。因此，必须对自行车进行分类，并界定适合自行车高速公路的车辆类型。例如，适用通勤的自行车品种目前主要有全功能城市用自行车，如图 8.8 所示，但它对于路面要求比较高；山地自行车如图 8.9 所示，其能适应各种路面环境，享受舒适的骑行乐趣。

图 8.8　全功能城市用自行车

图 8.9　山地自行车

1. 自行车的类型

在自行车高速公路的安全保障体系中，现代自行车的功能得到发展，不仅突破了自行车原来的定义要素，分类变得复杂，自行车类型也逐渐多元化，如表 8.6 所示[96]。

表 8.6　自行车的类型

序号	分类对象	类型	备注
1	使用功能	通勤车(一般交通用)、休闲车(越野或旅行用)、运动车(训练或比赛用)、竞技车、健身车等	骑行目的
2	使用环境	公路自行车、山地自行车、沙滩自行车、全地形自行车等	路面分类
3	骑行对象	玩具自行车(4 岁以下)、儿童自行车(4～8 岁)、青少年自行车(8～18 岁)、成人自行车(18 岁以上)、老年自行车(60 岁以上)等	年龄分类
4	直径大小	普通车、小轮车	车轮
5	结构特征	普通车、折叠车、避震车	车架
6	主体材料	碳钢车、铝合金车、合金钢车、碳纤维车等	车架部件

在自行车高速公路的安全保障体系中，虽然不同的功能和用途、不同的使用条件和环境、不同的使用对象，甚至不同的主体部件结构和材料都会对自行车产品的安全提出不同的要求，但是在自行车的多种分类方法中，对自行车安全检测有直接意义的分类原则首先是鞍座高度。国际标准关于自行车产品的体系如下：

(1) 《自行车安全要求》(ISO 4210-2014，2014 年颁布，2015 年实施)。在自行车高速公路的安全保障体系中，适用于在公路上骑行的自行车，其鞍座高度可调整到 635mm 以上。

(2) 《儿童自行车安全要求》(ISO 8098-2014，2014 年颁布，2015 年实施)。在自行车高速公路的安全保障体系中，适用于 4～8 岁儿童骑行的自行车，其鞍座的最高高度大于 435mm，而小于 635mm，且必须有作用于后轮的驱动机构。

(3) 《国际玩具安全标准》(ISO 8124-1，2000 年颁布和实施)。在自行车高速公路的安全保障体系中，适用于最高鞍座高度为 435mm 的玩具自行车，这类自行车不能在公路上骑行。

2. 自行车高速公路的车辆类型

在自行车高速公路系统中，自行车高速公路上行驶的车辆也称为公路自行车，如图 8.10 所示。在自行车高速公路的安全保障体系中，公路自行车是用来在平滑路面上使用的车种，像是自行车中的跑车，由于平滑路面阻力较小，公路自行车的设计更多地考虑高速，往往使用可降低风阻的下弯把手，较窄的高气压低阻力外胎，挡位较高，且轮径比一般的登山越野自行车都大，由于车架和配件不需要像山地自行车一样进行加强，所以往往质量较小，在公路上骑行时效率很高。在自行车高速公路的安全保障体系中，针对自行车高速公路上的自行车，发达国家会以法令形式规定自行车的安全配备标准，如反光、警示、照明等设施。

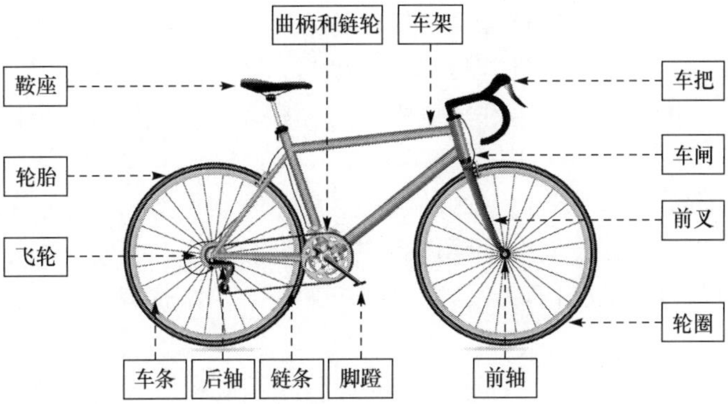

图 8.10　公路自行车

在自行车高速公路的安全保障体系中，公路自行车的车架尺寸根据厂牌以及型号亦各有不同，一般以英寸(1in=2.54cm)表示。每 0.5in 为一个尺寸(亦有公制尺码标示者)，如 14in、14.5in、15in、15.5in、16in、16.5in、17in、17.5in、18in、18.5in、19in、19.5in、20in 等，在容许范围内再依个人比例试乘，挑选身体最轻松骑行的车架为佳。在自行车高速公路的安全保障体系中，选对车架，若有不适，则再调整鞍座、车把，才能达到最佳骑乘比例。在自行车高速公路系统中，表 8.7 是推荐的自行车尺寸与身高对照表[97]。

表 8.7　自行车尺寸与身高对照表

山地自行车			公路自行车		
身高/cm	轮径尺寸/in	立管尺寸/in	身高/cm	轮径尺寸/cm	立管尺寸/mm
145～160	26	15	145～160	700	465
155～165	26	16	155～165	700	465
165～170	26	17	165～170	700	480
170～175	26	18	170～175	700	500
175～180	26	19	175～180	700	500
180～185	26	20	180～185	700	520
185 以上	26	20 或 21	185 以上	700	535

8.3.2　公路自行车安全检测

一般公路自行车是仅借助骑行者的人力、主要以脚蹬驱动、至少有两个车轮的车辆，适用于在公路上骑行，其鞍座高度可以调整到 635mm 或更高。公路自行车的安全检测标准繁多，在自行车高速公路的安全保障体系中，以《自行车安全要求》(GB 3565—2005/ISO 4210-1996)为主线，《自行车安全要求》标准中自行车的安全检测项目分为强制性项目和推荐项目，各类检测项目制定目的是保证每一个零部件的装配工艺、强度和耐用性，乃至整车的操纵性和安全性。

1. 关键部件的安全检测

在自行车高速公路的安全保障体系中，公路自行车与机动车的行车前检查类似，自行车根据自身的交通特点，也需要按照特定的步骤进行检查，确保自行车能够安全上路。

(1) 锐边和突出物检测。在自行车高速公路系统中，锐边检测要求的目的是避免因自行车上存在的毛刺、锐利边缘而对骑行者产生擦伤、刺破和割伤等危险。在自行车高速公路的安全保障体系中，判断锐边是否真正具有伤害危险应以主观评估为必要的补充判断，因为某些自行车的边缘、毛刺或尖端经试验判定为有潜在危险，如图 8.11 所示自行车挡泥板锐边。

图 8.11　自行车挡泥板锐边

(2) 自行车车闸检测。在自行车高速公路的安全保障体系中，自行车车闸是利用摩擦力使自行车减速和停止前进的。当使用车闸时，闸皮与车轮间的摩擦力使车轮停止运动，车轮与地面间的摩擦力由滚动摩擦力变成滑动摩擦力，强大的滑动摩擦力使自行车迅速减速或停止运动，如图 8.12 所示。

(a) 车闸上部　(b) 车闸下部

图 8.12　自行车车闸

在自行车高速公路的安全保障体系中，自行车作为骑行的交通工具，从安全观点出发，制动系统是一种必不可少的部件。制动系统的功用在于使自行车出行时能够在需要的时候保证安全可靠的停车，在骑行中自由调节车速，如表 8.8 所示。

表 8.8　自行车制动试验速度和制动距离[98]

试验条件	试验速度/(km/h)	使用车闸	制动距离/m
干燥条件	25	两个车闸	7
		仅用后闸	15
湿漉条件	15	两个车闸	10
		仅用后闸	20

在自行车高速公路的安全保障体系中，如果自行车行车速度不是标准规定的速度，测定的制动距离应予以校正，校正后的制动距离计算公式为

$$f\left(S_c\right)=\left(\frac{v_s}{v_m}\right)^2\times S_m \tag{8.1}$$

其中，

S_c——校正后的制动距离，m；

S_m——测定的制动距离，m；

v_s——规定的试验速度，km/h；

v_m——测定的试验速度，km/h。

(3) 自行车车把检测。在自行车高速公路的安全保障体系中，自行车车把(图 8.13)起掌舵作用，使它成为平衡掌握车体的操纵装置，同时，它决定骑行者的姿势，起着在鞍座上稳定身体的作用。骑行者骑车时的姿势，取决于骑行者和自行车的三个接触点，即取决于车把、鞍座、脚蹬的相互位置。以平均身材的人为准，规定车把横管的总宽应为 350～700mm，处于最高位置时车把把套上端面和处于最低位置时鞍座面之间的垂直距离应大于 400mm。

(4) 自行车车架/前叉组合件检测。在自行车高速公路的安全保障体系中，自行车车架/前叉组合件(图 8.14)是构成自行车的基本结构件，由车架、前叉、车架部件等构成，具有载人和承受各种恶劣环境冲击的功能。自行车车架/前叉组合件为自行车结构的“骨骼”，受到外力时要保持原形，不致变形和破裂，必须经常保持可靠的强度。骑行中由于受到由道路和人体造成的纵弯、横弯、扭转等振动以及反复荷载，其挠曲会影响骑行的稳定性和骑行的舒适感。因此，自行车车架强度要绝对牢固耐用，形状要便于人体发出动力，并发挥人的控制机能。

图 8.13　自行车车把

图 8.14　自行车车架/前叉组合件

(5) 自行车前叉检测。在自行车高速公路的安全保障体系中，自行车前叉部件是整车重要的组成部分，它支撑前轮，具有转向功能，可保持骑行平稳。自行车前叉通常由前叉守管、前叉肩、前叉腿及前叉嘴组成，如图 8.15 所示。自行车前叉的定位装置是用于固定前轮轴的槽口或其他形式的装置，若无定位装置，则容易发生前轮松脱。如果定位装置的工艺尺寸及装配质量不高，则车辆在骑行过程中容易发生偏向和倾倒，引发事故。

(6) 自行车车轮检测。在自行车高速公路的安全保障体系中，自行车车轮驱动体系是由前后轴部件、链条、车圈、轮胎、内胎组成的结构体(图 8.16)，作为自行车的组成部分具有两种重要效用：一是支撑骑行者的载重(包括自行车的自重)；二是该载重利用转动手段，实现车轮在地面上的快速移动。对自行车车轮的评价是根据强度和转动性这两方面来决定的。此外，从骑行者的角度来说，需要使骑行者消耗能量少，并且尽可能轻快。

图 8.15　自行车前叉

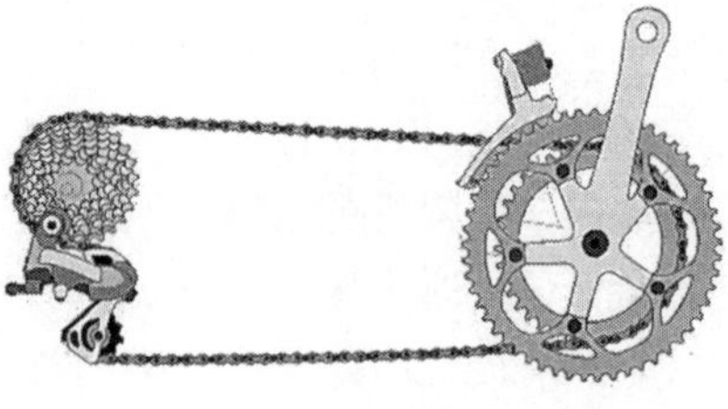

图 8.16　自行车车轮驱动

(7) 自行车脚蹬检测。在自行车高速公路的安全保障体系中，自行车脚蹬(图 8.17)检测要求：脚蹬的脚踩面应安装可靠，在脚蹬部件中应无转动或移动。

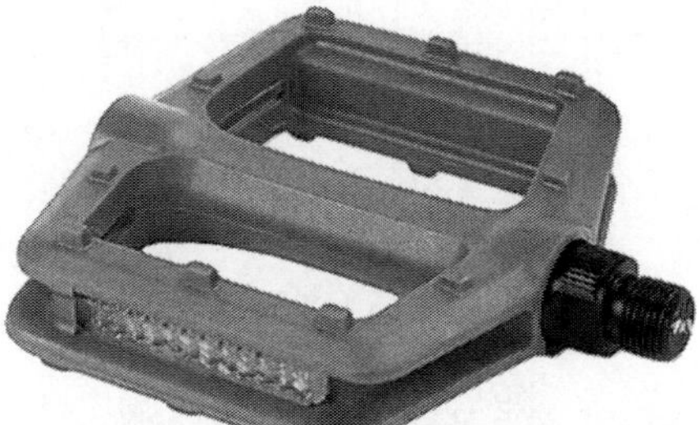

图 8.17　自行车脚蹬

2. 车辆性能的安全检测

在自行车高速公路的安全保障体系中，车辆性能的安全检测主要是自行车驱动系统的安全检测。自行车驱动系统的安全检测主要通过驱动系统静负荷试验来实现。自行车驱动系统包括脚蹬、曲柄、链轮、中轴及附件、链条、飞轮、后轴、车轮等部件。

按标准规定，驱动系统的任何零部件不能有肉眼可见的裂纹，且系统不应丧失驱动能力。在自行车高速公路的安全保障体系中，驱动系统静负荷试验项目的不合格会给骑行者带来严重的潜在危险。在自行车高速公路系统中，凡是出现下列情况之一，即视为该项不合格[99]：

(1) 自行车驱动系统的某个零部件出现肉眼可见的裂纹或丧失驱动能力；

(2) 自行车曲柄相对于中轴转动大于 20°；

(3) 自行车链轮或飞轮片严重扭曲；

(4) 自行车飞轮与后轴身加载时不能定位；

(5) 自行车链条断裂，脚蹬轴严重变形或断裂；

(6) 驱动系统在加载时发生跳链现象。

8.3.3　自行车的安全设备

随着现代电子科技的不断发展，应用于自行车的各种安全保护设施和装备日趋增多。把这些先进的电子科技产品应用到行驶在自行车高速公路上的自行车上，以保证骑行者的安全。

(1) 自行车发光二极管(light emitting diode，LED)警示背包。在自行车高速公路的安全保障体系中，图 8.18 是一款专用于自行车夜间骑行的 LED 警示背包，主要用于自行车的尾灯及转向灯警示，从而引起后方车辆及行人的及时警觉。该操作系统通过红外遥控，可通过无线遥控器进行发光显示图案的快捷切换，设置并显示模式有前进、左转、右转、停止及闪烁等鲜明图案标识，从而为自行车出行提供安全保障。

图 8.18　自行车 LED 警示背包

(2) 自行车安全隐形气囊头盔。在自行车高速公路的安全保障体系中，可供骑行者使用的安全隐形气囊头盔如图 8.19 所示，由瑞典研发。该头盔隐藏在骑行者所穿戴的特殊衣领中，一旦车辆发生意外碰撞事故，当衣领中内置的传感器感应到异常动作时，即迅速发出指令，气囊弹出并迅速膨胀成头盔状，而整个膨胀过程只需 0.1s。同时头盔又具有减震、抗撞击的作用，当骑行者随自行车倒地时，其头部和颈部完全可以得到有效保护。隐形气囊头盔可通过 USB 接口充电，一次充电可连续使用 18h，待机时间可长达 36 天；当电池电量不足时，传感器会发出报警声以提醒骑行者及时充电。

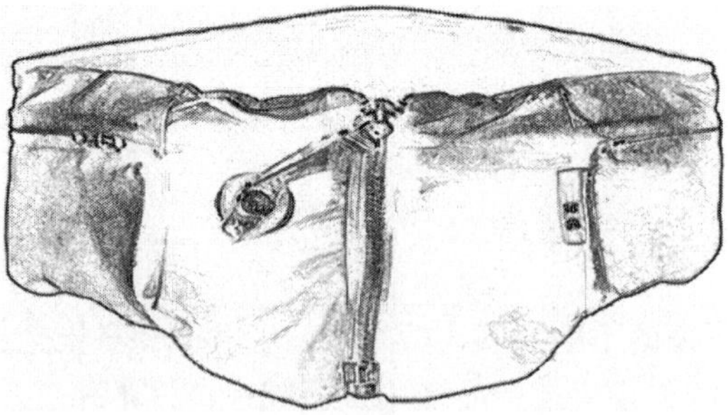

图 8.19　骑行者使用的安全隐形气囊头盔

(3) 自行车 LED 转弯信号灯手套。在自行车高速公路的安全保障体系中，一种当作转向灯使用的骑行手套 Zackees 如图 8.20 所示。在一双露指手套的手背部分设置了 LED，并在上面覆盖一层防水保护涂层，当骑行者需要变道或者转向时，只需触动一下手指就能激活控制开关并显示转向图案。当夜间行驶时，可通过按钮让双手的 LED 指示灯持续闪亮发光，以使后边的行人和车辆能清晰地看到前方的自行车。

(4) 自行车 LED 把塞转向灯。将转向灯直接安装在自行车车把内，当自行车在夜间转弯时即可开启 LED 转向信号灯，以警示后方道路的行人与车辆。这种 LED 把塞转向灯适用于管塞内径为 16～23mm 的自行车车把。在自行车高速公路的安全保障体系中，自行车 LED 把塞转向灯设置常亮和闪烁两种模式，20m 远距离外可见信号灯光，能有效保障骑行中的安全。

瑞士设计的自行车 LED 把塞转向灯 BlinkerGrips(图 8.21)，基于汽车转向灯，其设计符合人体工学，被安装在车把后，也不会有碍骑行。

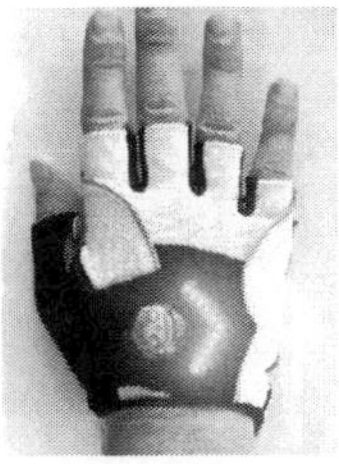

图 8.20　自行车 LED 转弯信号灯手套

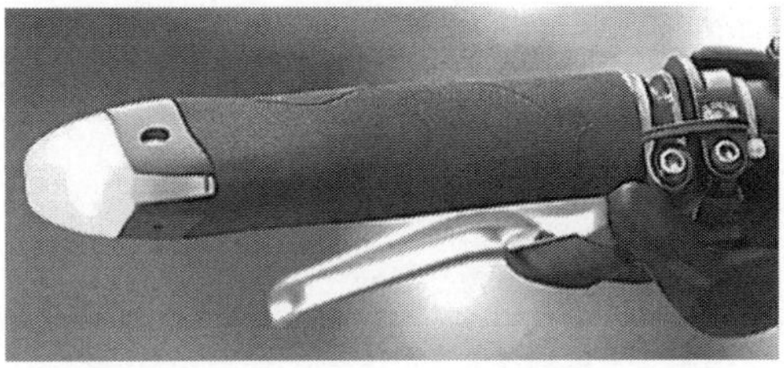

图 8.21　自行车 LED 把塞转向灯

(5) 自行车臂带安全后视镜。在自行车高速公路的安全保障体系中，Rear-Viz 是一款便携式的自行车臂带安全后视镜(图 8.22)，用一个可调节的臂带固定在手臂上，后视镜镜面为凸面镜设计，不用时可以折叠为手表形状，使用时镜面可 360°旋转，通过调节反光镜凸镜的反射而获取后方路况视野。在骑行时还可通过手臂转动来实现视野调整，不需要移动头部或车把进行观察。

(6) 自行车激光安全尾灯。在自行车高速公路的安全保障体系中，在夜间开启自行车激光安全尾灯(图 8.23)后，瞬间在路面上形成两条高清亮度的红线光束，光束能见度超过 500m，能很好地保护骑行者的安全。该激光安全尾灯可转换三个不同挡位的操控，闪光功能模式可同时操作超高亮度 LED 灯和激光光束。激光

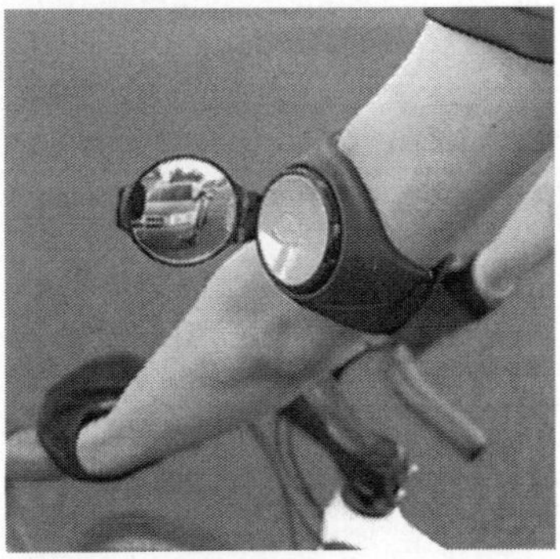

图 8.22　自行车臂带安全后视镜

图 8.23　自行车激光安全尾灯

平行线闪光模式有常亮、快闪、慢闪、从左到右慢闪、从右到左慢闪、从左到右快闪、左右来回闪亮功能，而激光平行线设有两种变化模式，即常亮和闪烁。

(7) 自行车 LED 网格安全投影仪。在自行车高速公路的安全保障体系中，安装在自行车车把上的 LED 网格安全投影仪(图 8.24)，投射在地面上的网格图案由标准的正方形组合，正方形图案会根据道路不同形状而发生变形。这是一款旨在提高自行车夜间骑行安全性的 LED 投影灯，它可以在地面上投影正交网格，骑行者在行进中通过观察网格的移动和变形，可以轻松地了解前方的地形。与此同时，发光的网格还可以让附近的行人和车辆更加容易发现骑行者。

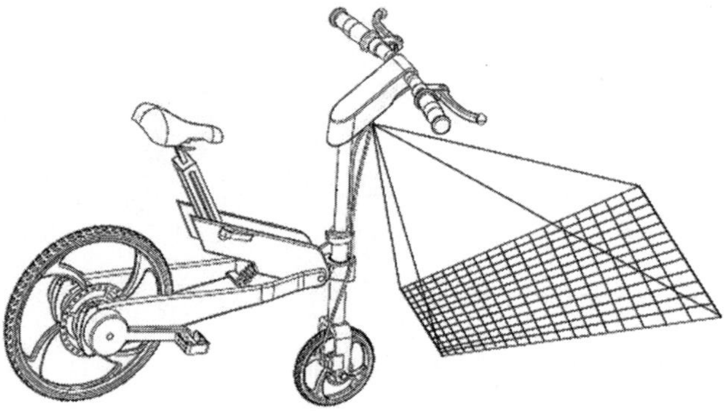

图 8.24　自行车 LED 网格安全投影仪

8.3.4　车辆管理措施

在自行车高速公路的安全保障体系中，自行车作为自行车交通中的出行工具，确保其质量安全，对保障骑行者的安全具有重要意义。本节从自行车的角度考虑安全保障管理条例[99]：

(1) 规范自行车高速公路的自行车种类。在自行车高速公路的安全保障体系中，不同的自行车种类具有不同的功能属性，但不是所有自行车都满足在自行车高速公路上骑行的要求，因此需要规范特定的自行车种类，以保证自行车高速公路上的正常行驶。

(2) 自行车应该按规范装配相应的警示灯和照明灯。

(3) 不得加装动力装置。

(4) 自行车应当定期检查维修，确保车闸、轮胎的完好。

(5) 自行车应配装简易的自行车维修工具以及急救药品。

(6) 不得牵引、攀扶其他车辆。

(7) 不得随意停放。

(8) 注意配置自行车防盗装置。

(9) 自行车需要特定的自行车编号，自行车编号是为了在自行车高速公路上更有效地管理自行车的运行。

(10) 必须配备车铃和其他可听见的信号；必须按需加装安全反光镜。

在自行车高速公路的安全保障体系中，有关自行车的安全问题，自行车与机动车类似。在骑行者骑入自行车高速公路之前，需要对自行车的车况进行检查。良好的自行车状态不但有利于加快骑行速度，更有利于骑行者的安全。一般骑行者应该根据自身的生理条件以及骑行环境选择合适的自行车，有关部门应对具体情况进行规定。

8.4　基于路的自行车高速公路安全保障体系

在自行车高速公路的安全保障体系中，自行车高速公路的路面线形设计与交通事故的发生存在较大的关联,容易出现事故的路面设计情况有过小的曲率半径、过大的纵坡和过长的直线距离等。另外，道路结构也是自行车高速公路的路面影响因素。在自行车高速公路的安全保障体系中，路面强度、平整度和抗滑性也是重要的影响因素，路面强度是否稳定，路面是否平整且抗滑，这些都会影响到车辆的路面行驶情况。自行车高速公路上车辆的行驶速度都较快，路面存在的一点小问题都可能造成交通事故，所以相关部门一定要做好路面的保养和维护工作。

8.4.1　路线的线形设计

自行车高速公路的行车安全，也与路线的线形密切相关。在自行车高速公路的安全保障体系中，路线线形指标及其组合运用得当，使骑行者的透视视觉真切，不出现扭曲，视线连续圆滑，走向明确，给人以安全、舒适的感觉。

1. 平面线设计

在自行车高速公路的安全保障体系中，自行车高速公路平面线形由直线、平曲线组合而成，平曲线又分为圆曲线和回旋线两种。平面线形必须与地形、地物、景观等环境相协调，同时注意线形的连续性与均衡性，并与纵面线形相互配合。

(1) 直线。在自行车高速公路的安全保障体系中，选用直线线形应根据所处地段的地形、地貌，并考虑骑行者的视觉、心理状态等因素合理布设。自行车高速公路应尽量选择直线线形，为了避免长时间骑行的枯燥造成疲乏，应做好沿线视觉的景观设计以及休闲场所的配备。

(2) 平曲线。在自行车高速公路的安全保障体系中，自行车高速公路平曲线应连续、均衡，并与地形、地貌相适应，与周围环境相协调。

2. 纵断面设计

按照国家相关规范，在自行车高速公路的安全保障体系中，自行车车道的最大纵坡是 3.5%，且纵坡坡长不能超过 150m。山地城市道路坡度一般较大，自行车车道设计需突破国家相关规范，克服纵坡困难。在此种情况下，自行车车道纵坡不应大于 5%，若必须在纵坡大于 5%的路段设置自行车车道，则纵坡坡长不应长于 100m，特殊路段需进行单独论证。另外，在坡度较大的路段，可考虑采用“S”形曲线形式设置自行车车道(图 8.25)，以降低相对坡度，提高骑行者的舒适性。

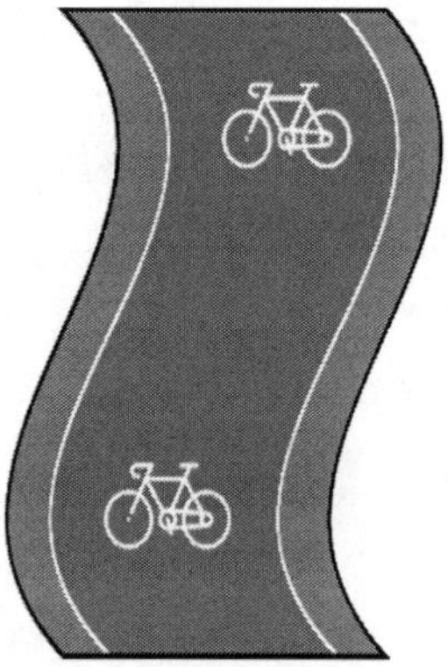

图 8.25　“S”形自行车车道设计

(1) 最大纵坡值。在自行车高速公路的安全保障体系中，纵坡坡度是道路纵断面设计的关键性指标之一，合理的纵坡坡度可以减少交通事故，提高通行能力。自行车在爬坡过程中慢慢减速到匀速运动，匀速骑行克服的坡度就是自行车的最大爬坡度。

(2) 纵坡坡长。在自行车高速公路的安全保障体系中，自行车骑行的理想坡度是 2.5%，然而自行车高速公路在实际设计中由于地形条件的限制，这种坡度不是总能得到满足的，公路纵坡坡度会大于理想的最大纵坡坡度，这样人们在上坡的过程中由于自身体力和耐力的限制，骑行速度会越来越慢，坡度太长会使人们体力不支而下车推行，为了人们能顺利骑行，需要对坡度大的路段的坡长加以限制。

3. 横断面设计

在自行车高速公路的安全保障体系中，自行车车道表面应该坚实耐久、平整防滑。自行车车道铺面设计常用的有四种路面形式，包括沥青路面、水泥混凝土路面、块材简易路面、木质铺面路面。在交通参与者当中，骑行者是相对弱势的群体，他们没有安全的驾驶舱，身体暴露在环境中，如果没有安全防护设施，则受外界的干扰较大，从生理和心理上缺乏安全感。

1) 自行车车道最小宽度

在自行车高速公路的安全保障体系中，自行车交通的空间尺度根据人们行驶的需要可以分为交通空间、舒适空间以及安全空间。交通空间就是根据自行车的高度和宽度，判断单人通行(图 8.26)、两人或多人并排通行的一个最小的基本空间通行尺寸。骑行的基本空间宽度为 1m(0.6m 车身宽度和行驶时左右各 0.2m 的摆幅宽度之和)，高度为 2.25m。

图 8.26　单人自行车车道示意图

在自行车高速公路的安全保障体系中，自行车在运行时靠车把和骑行者的左右移动来控制方向，加上轮胎与地面的接触面积很小，行驶的时候经常会因为左右摆动呈现蛇形轨迹，并且蛇形轨迹的宽度与骑行者及骑行速度有关，骑行速度越快，蛇形轨迹的宽度越小。

在自行车高速公路的安全保障体系中，自行车车道的宽度(表 8.9)与其设计交通量和一条自行车车道的通行能力有关。车道数要按照自行车高峰期小时交通量来确定[97-99]：

$$f(M) = An + 2B + C \tag{8.2}$$

其中，

M——自行车车道宽度，m；

A——自行车基本交通空间，m；
n——自行车车道数；
B——侧向安全净宽，m；
C——其他加宽考虑，m。

表 8.9　ASSHTO 自行车车道宽度标准

ASSHTO 标准	推荐最小宽度/m
单向自行车车道	1.5
双向自行车车道	3.0
三向自行车车道	3.8

注：ASSHTO 为美国州际公路运输协会(American Association of State Highway and Transportation Officials)。

在自行车高速公路的安全保障体系中，自行车车道宽度设计如下：
(1) 双向线修建宽度一般推荐 3.5m；
(2) 双向次干线的修建宽度一般推荐 2.5m；
(3) 单向线修建宽度一般推荐 2m 以上。

2) 路肩宽度

在自行车高速公路的安全保障体系中，路肩宽度主要从安全行车和为行人提供足够的交通空间两方面来考虑。路肩的设置能提供侧向余宽，使车辆远离路侧的障碍物，从视觉和心理上消除骑行者的紧张感，有利于行车安全，增强骑行者的舒适感。在挖方路段，还可以增加弯道的视距。研究表明，有路肩的自行车车道(图 8.27)比不设路肩的自行车车道的交通事故率要小很多，并且交通事故率随路肩宽度的增加而减小。

图 8.27　有路肩的自行车车道示意图

在自行车高速公路的安全保障体系中，行车的速度不高，自行车车道边的路肩主要从安全的角度考虑。窄路肩会让骑行者紧张产生不安感，自行车的高度为1.15m，骑行重心的高度为1.5m，自行车倾倒的占地宽度为1.5m。路肩的宽度应保障骑行者安全，防止因倾倒摔向路侧。紧邻自行车车道的路肩宽度不得小于1.5m，特殊情况不得小于1m。自行车的荷载较小，路肩采用绿化的土路肩即可。

8.4.2　标识标线设置

在自行车高速公路的安全保障体系中，自行车高速公路在逐渐推广的应用中需要针对自行车的需求合理设置交通标识标线来引导骑行者的安全骑行。

1. 标识设置

交通标识是人们每天在道路上都会看到的，大多数是关于机动车的。同样，为了保证自行车有序的行驶，也需要一些自行车交通标识进行引导。下面对自行车标识的设置原则及标准进行简要介绍。

1) 标识类型

在自行车高速公路的安全保障体系中，自行车高速公路的交通标识设置方式可以采用路侧式、悬臂式和附着式三种类型。

(1) 路侧式是将标识安装在单柱或双柱上，如图 8.28 所示。在自行车高速公路的安全保障体系中，标识的内缘距地面(或路肩)边缘不得小于 25cm，标识牌的下缘距离路面的高度为 100～200cm。在自行车高速公路系统中，单柱式适用于宽度在 100cm 以下的中小型尺寸标识；双柱式的稳定性较好，适用于面积较大的指示标识。

(a) 单柱式　　(b) 双柱式

图 8.28　自行车路侧式标识牌

(2) 悬臂式是将标识安装在单柱上，并将标识设置在车道上方的方式。在自行车高速公路的安全保障体系中，标识牌下缘到路面的净空高度要确保 4.5m 以上，考虑到标识板会变形下垂，标识牌的净空高度应比公路的净空预留 20.5cm 的余量。在自行车高速公路系统中，悬臂式标识牌(图 8.29)便于识别，一般在环湖旅游公路、道路宽度比较宽或者视距受限制的路段采用，或者是对景观有较高要求的路段采用。

图 8.29　悬臂式标识牌

(3) 附着式是将标识安装在附属设施上。在自行车高速公路的安全保障体系中，附着式标识牌(图 8.30)可以安装在车道的桥梁和路侧的山石上等，成本较低。

图 8.30　附着式标识牌

在自行车高速公路的安全保障体系中，警告、禁令指示标识大都采用图形符号，视认效果较好，一般采用路侧式安装；指示标识的信息以文字为主，图形符号为辅，需要标明指示方向、地点、距离等，信息量较大，一般用悬臂式安装。

2) 标识设置距离

交通标识的设置位置要考虑骑行者的行动特性，为骑行者的安全操作提供一定的前置距离(图 8.31)。但是，如果前置距离过长，标识的信息会在骑行者的记忆中越来越模糊，在行为改变点处忘记采取相应的措施，致使标识信息失去价值；若前置距离过短，骑行者没有足够的时间采取行动，不能起到安全提醒的作用。所以，道路交通标识要充分考虑骑行者对标识感知、识别、理解、行动的特性，根据行车速度和反应时间确定合适的前置距离。

图 8.31　前置距离的标识牌

在自行车高速公路的安全保障体系中，前置距离 d 表示为

$$d = s + l - m \tag{8.3}$$

其中，

d——前置距离，m；

s——制动距离，m；

l——反应距离，m；

m——对交通标识的识别距离，m。

根据自行车制动性能，自行车的干态制动距离要小于 15m，湿态制动距离要小于 19m，安全起见，s 取干态下的制动距离 15m。

$$l = \frac{1}{3.6} v_0 t \tag{8.4}$$

其中，

v_0——自行车的行驶速度，km/h；

t——反应时间，s。

骑行者看到信息后到做出反应前还是会按原来的速度正常行驶，则反应距离为在标识消失前要能全部看完标识信息的距离，为了骑乘者可以从容地读完标识信息，所以

$$m \geqslant \frac{d}{\tan\alpha} \tag{8.5}$$

其中，

α——消失点与路侧标识的夹角，一般取 15°。

在自行车高速公路的安全保障体系中，对于路侧式和附着式标识牌，d 表示骑行者的视线高度到标识的距离，m；对于悬臂式标识牌，d 表示标识牌上缘的高度与骑行者的视线高度的差值，m。

在自行车高速公路系统中，自行车交通标识一般以路侧式设置，α 取 15°，d 取 0.75m，骑行者的反应时间需要 2.5s，经过计算，求出不同速度下标识牌的前置距离如表 8.10 所示。

表 8.10　标识牌的前置距离

自行车速度/(km/h)	<10	15	20	25	30	35	40	45	50
前置距离/m	19.1	22.6	26.1	29.6	33.1	36.5	40.0	43.5	46.9

在自行车高速公路的安全保障体系中，自行车交通标识建议准则如下：

(1) 当自行车速度小于 10km/h 时，建议标识的前置距离为 20m。

(2) 当自行车速度在 10～25km/h 时，建议标识的前置距离为 30m。

(3) 当自行车速度超过 25km/h 时，建议标识的前置距离为 35m。

3) 标识文字高度

在自行车高速公路的安全保障体系中，随着文字高度的增高，交通标识的视认效果会更好。然而，过高的文字需要占用的版面较大，会造成工程成本的浪费，还会降低视觉的通透性，所以要根据车辆的速度合理设置交通标识字高。根据文字高度模型可知，文字高度与行驶的自行车车速有关，不同自行车车速下交通标识文字高度如表 8.11 所示。

表 8.11　不同自行车车速下交通标识文字高度

自行车车速/(km/h)	<30	40	50
文字高度/cm	25～30	35～40	45～50

2. 标线设置

在自行车高速公路的安全保障体系中，自行车高速公路交通标线(图 8.32)的设置是为自行车提供出行引导和信息服务。合理设置交通标线，可以改善自行车的行驶条件，提高道路通行能力，减少交通事故。

(1) 车道中心线。在自行车高速公路的安全保障体系中，车道中心线一般设置在路面条件有限的路段，目的是分离对向的自行车交通，交通量较小、路面宽度较窄的双车道路段可以施画黄色中心虚线，在保证安全的情况下允许车辆跨越黄色中心虚线超车或者向左转弯，如图 8.33 所示。

图 8.32　自行车高速公路交通标线

图 8.33　车道中心线

(2) 车道分界线。在自行车高速公路的安全保障体系中，车道分界线用来分隔同向行驶的自行车车流，允许自行车越线变换车道行驶，一般采用白色的虚线，如图 8.34 所示。

(3) 车道边缘线。在自行车高速公路的安全保障体系中，为了保证自行车在车道内正常行驶，需要设置车道边缘线(图 8.35)引导骑行者，防止骑行者冲出路侧，发生交通事故。自行车高速公路一般交通量较大、车速较快，往往需要设置分隔护栏，但是为了防止雨天等不良天气下骑行者视线模糊，需要在车道边缘设置 15～20cm 的白色实线，并且每隔 15m 设置一个单面反光突起路标，以便更好地引导骑行者。紧邻边沟的一侧也需要施画车道边缘线。尤其是在长直线路段，骑行者会因为线形单调产生疲倦而出现注意力分散的现象，在这种松懈状态下极易驶出路外，建议设置振动突起边缘线。

图 8.34　车道分界线

图 8.35　车道边缘线

8.4.3 安全设施设置

在自行车高速公路的安全保障体系中,交通安全设施已经成为视觉的一部分,这对骑行者了解路线走向以及防止对向相撞起到积极的作用。自行车车道上的安全设施设置是指安全护栏、防护绿化带等的设置。在自行车高速公路的安全保障体系中，这些安全设施存在的目的是使得交通事故的发生率下降，一旦发生事故，还可以使得事故损害最小。

1. 隔离栏的设置

在自行车高速公路的安全保障体系中，自行车高速公路上设置的隔离设施主要用于分离对向的自行车车流。隔离设施的设置提高了自行车车道的利用率，增强了自行车骑行者的安全感。

1) 隔离栏的类型

在自行车高速公路的安全保障体系中，隔离栏一般采用钢质隔离栏和柱式隔离桩两种类型。

(1) 钢质隔离栏。在自行车高速公路的安全保障体系中，钢质隔离栏的强度较高，美观性好，适用于车速较高的四车道公路，如图 8.36 所示。

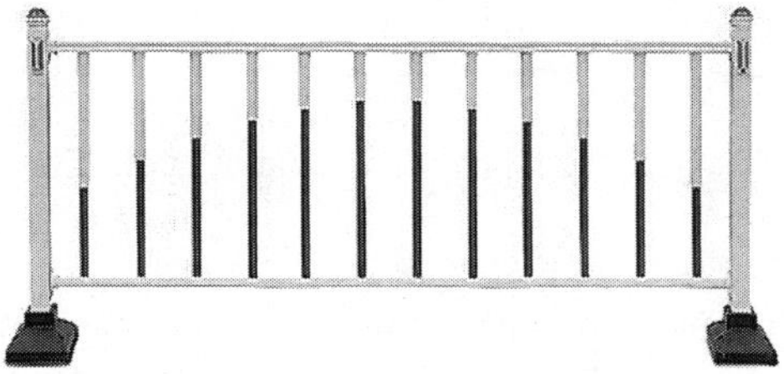

图 8.36　钢质隔离栏

(2) 柱式隔离桩。在自行车高速公路的安全保障体系中，柱式隔离桩为单柱形式，这种栏杆的视觉通透性好，为了防止自行车穿越隔离栏，单柱式隔离栏的柱与柱之间用铁链连接，一般应用于两车道路段，如图 8.37 所示。

图 8.37　柱式隔离桩

2) 隔离栏高度和间距

在自行车高速公路的安全保障体系中，隔离栏在设置的时候要以不影响骑行者的视线为准，如图 8.38 所示。

(1) 高度适宜。在自行车高速公路的安全保障体系中，过高的隔离栏会给人带来压抑感，尤其是在自行车车道较窄时，过高的隔离栏会让人愈发感到车道的狭窄，给人带来紧张感，影响自行车骑行的舒适性和稳定性。

(2) 连续性良好。在自行车高速公路的安全保障体系中，隔离栏在设置的时候要连续，不能留有断口。

(3) 颜色醒目。在自行车高速公路的安全保障体系中，护栏颜色要醒目并且有良好的反光效果，在昏暗的环境下能引导骑行者的视线。

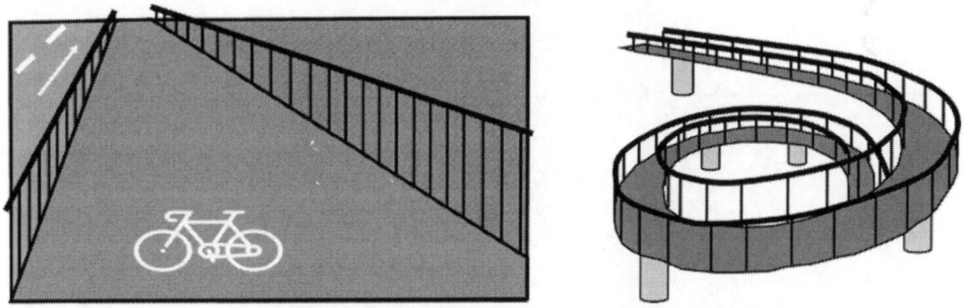

(a) 直线型　　(b) 曲线型

图 8.38　自行车车道隔离栏

在自行车高速公路的安全保障体系中，自行车的速度较慢，碰撞护栏一般也不会冲出路侧，所以自行车车道侧的护栏强度要求可以降低，危险度低的路段还可以采用木质护栏，如图 8.39 所示。但是，骑行者的重心较高，稳定性较差，在高路堤处可能由于紧张或者操作失误有跌落的危险，所以对护栏的高度有一定的要求。骑行者的平均重心在 1.5m 左右，护栏设置的最低高度要在重心之上，这样在倾倒的时候人还可以用手扶住栏杆，避免跌落。

图 8.39　自行车高速公路设置木质护栏

2. 其他安全设施设置

在自行车高速公路的安全保障体系中，其他安全设施设置主要有路侧植被和彩色路面铺装等。

1) 路侧植被

在自行车高速公路的安全保障体系中，在危险的路段种植乔灌木，可以很好地引导骑行者的视线，同时可以遮挡路侧的危险环境，消除骑行者的紧张心理。在自行车高速公路的两侧种植柔软和富有弹性的植被，可以对冲出边坡的自行车起到一定的缓冲作用，减轻交通事故的严重性，如图 8.40 所示。

图 8.40　路侧植被

2) 彩色路面铺装

在自行车高速公路的安全保障体系中，将自行车车道彩色铺装(图 8.41)，视

图 8.41　自行车车道彩色铺装

觉色彩的不同，可以增加道路的美观性，更好地协调自行车高速公路的环境。目前，路面彩色铺装颜色主要有红色、黄色、蓝色、绿色。由这四种颜色又发展成了铁红色、深红色、嫩绿色、草绿色、驼色等十多种颜色的路面。适合自行车高速公路铺装的颜色有铁红色和黄色两种。

(1) 铁红色路面。红色是生命、活力、健康、热情、朝气、欢乐的象征。在自行车高速公路的安全保障体系中，由于红色在可见光谱中光波最长，最为醒目，且红色属于暖色调，能给人视觉上一种迫近感和扩张感，适用于路面线形良好、地势平坦的路段，如荷兰阿姆斯特丹、海牙、鹿特丹等城市的自行车车道都采用铁红色，如图 8.42 所示。

图 8.42　铁红色自行车彩色铺装路面

(2) 黄色路面。在自行车高速公路的安全保障体系中，夜间采用近光灯照射的时候，黄色最容易辨认，铁红色和绿色次之。此外，在早晚朦胧或者雾雨的天气下，黄色能提高可见度，更好地引导骑行者的视线，适用于交叉口、弯道、宽度变化等路段或者隧道的出入口段，以提高人们的视觉注意力。

8.4.4　停车休闲区设置

在自行车高速公路的安全保障体系中，为了骑行的安全，需要合理地设置安全休息区，为骑行者提供短暂的休息。特别是旅游区公路，要充分考虑自行车的运动与休闲特性，与周围景观协调，必要的时候还要为人们提供旅游资讯以及欣赏美景的观景台。另外，自行车高速公路有时途经山区，受地形条件的限制，线形比较复杂，频繁的制动、换挡对车辆损坏较大，需要进行检查与维修，即使是在一般路段，自行车在骑行途中也需要打气和维修等服务。

1. 停车休闲区布设距离

在自行车高速公路的安全保障体系中，自行车停车休息区(图 8.43)的间距设置，主要考虑的是人的体力和耐力，通过人的骑行时间来估测布设间距。

图 8.43　自行车停车休息区示意图

为了满足大部分人的需求，自行车停车休息区的布设间距按照骑行 1h 比较合理，人的平均骑行速度在 15～20km/h，所以建议自行车休息区的布设间距为 15～20km。

2. 停车设计设置

在自行车高速公路的安全保障体系中，自行车可以采用单向排列、双向错位或高低错位的方式停放，可以垂直停放，也可以斜着停放，一般要分区停放，每区停放的车辆数在 40～50 辆，为了防止停车场内产生交通混乱，还可以将换乘的自行车和长期停放的自行车分开停放，如图 8.44 所示。

(a) 双层式

(b) 立体式

图 8.44　双层自行车停车场与立体自行车停车场

在自行车高速公路的安全保障体系中，自行车的停放主要考虑人们出入方便，自行车停车位的设计可参考自行车停车带宽度和通道宽度及自行车单位停车面积等，如表 8.12 及表 8.13 所示。

表 8.12　自行车停车带宽度和通道宽度

停车方式		停车带宽度/m		车辆间距/m	通道宽度/m	
		单排停车	双排停车		一侧使用	两侧使用
垂直排列		2.0	3.2	0.7	1.5	2.6
斜排列	60°	1.7	2.77	0.5	1.5	2.6
	45°	1.4	2.26	0.5	1.2	2.0
	30°	0.1	1.6	0.5	1.2	2.0

表 8.13　自行车单位停车面积

停车方式		单位停车面积/(m^2/辆)			
		单排停车	双排停车	一侧使用	两侧使用
垂直排列		2.1	1.98	1.86	1.74
斜排列	60°	1.85	1.73	1.67	1.55
	45°	1.84	1.7	1.65	1.51
	30°	2.2	2.0	2.0	1.8

3. 修车位

在自行车高速公路的安全保障体系中，为需要维修的车辆提供服务，维修站点设置位置应靠近停车场，由于自行车高速公路上使用的频率较高，所以可以设置在休息区相对醒目的位置，如图 8.45 所示。

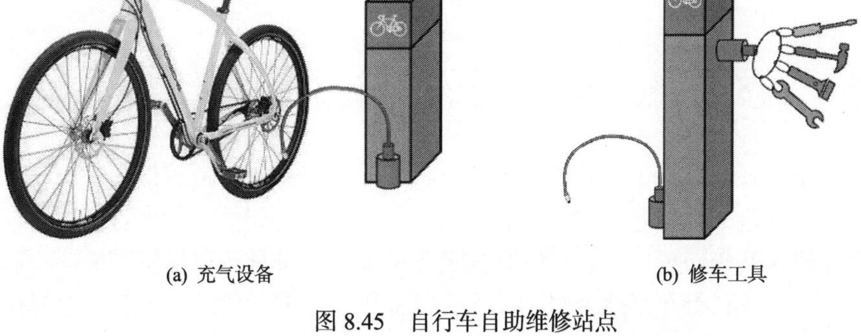

(a) 充气设备　　(b) 修车工具

图 8.45　自行车自助维修站点

8.4.5 安全管理措施

在自行车高速公路的安全保障体系中，自行车高速公路中有关道路建设以及道路基础设施布设问题是自行车高速公路安全的核心问题。良好的道路线形有利于骑行者的骑行安全，同时要考虑到包括横断面坡度以及圆曲线半径等技术方面的问题，特别是自行车高速公路的标识标线也会对骑行者的安全产生不可忽视的影响。因此，为了保证安全，从路的角度，本节提出如下管理措施：

(1) 自行车高速公路应定期清扫、养护。在自行车高速公路的安全保障体系中，高速行驶的自行车在颠簸或者有杂物的路面易造成翻车摔伤，甚至更严重的交通事故，因此确保路面的整洁对预防安全隐患非常重要。

(2) 自行车高速道路两侧安装金属护栏。在自行车高速公路的安全保障体系中，原则上全线范围内设置两面型护栏；道路两侧的安全护栏是为自行车行驶遇到失控的情况下采取紧急措施的安全保障设备。

(3) 道路尽可能少开交叉口，确保自行车高速公路的封闭性。在自行车高速公路的安全保障体系中，自行车高速公路交叉口少，才能确保自行车的行驶速度，实现自行车高速公路的使用价值。

(4) 设置中央分离带，分离相向的自行车车流，保障安全。

(5) 公路全程配备先进的电子交通信号系统，以尽量避免上下班高峰时段可能出现的拥堵。

(6) 沿途每隔 1mile(约 1.6km)处就设有一个服务站，集中了自行车充气处、修理处和停靠休息室，为骑行者提供各种方便。

(7) 自行车高速公路沿途做好绿化设施，沿途美好的绿化景色，为骑行者提供愉快的骑行体验的同时可以消除骑行者的疲劳。

(8) 自行车高速公路两侧每隔一段距离加装固定的脚栅，为的是让骑行者疲倦时不下车就可停车休息。

(9) 开辟方便两人边骑行边交谈的“对话”车道。

(10) 自行车高速公路两侧的照明设施，建议以太阳能为主要能源的特种照明灯。

8.5 自行车高速公路安全管理机制

自行车高速公路在全世界范围内的建立推广还处于探索阶段。但随着自行车高速公路在全球范围内的普及推广，将先进的技术——智能技术引入自行车高速公路安全保障体系中，可以使自行车高速公路的安全保障体系能够更高效、全面地服务骑行者。在自行车高速公路的安全保障体系中，安全管理机制为人民提供安全、舒适、通畅、迅捷的骑行环境，从而减少交通事故，保证通行安全。

8.5.1　立法管理

自行车高速公路的建立必然促进自行车的使用，自行车在传统交通系统中扮演的角色也发生了变化，因此加强自行车交通的法律法规制定十分必要。国外对骑行者的处罚方式主要有：安全教育、口头警告、书面警告、社区服务、罚款、逮捕；对遵守交通法规的骑行者适当给予奖励(商家优惠券、小礼物等)。许多国家都规定，警察可以没收违法停放的自行车。

根据国外的自行车交通管理的立法经验，结合我国自行车出行的特征制定更加适合我国自行车高速公路的法规条例以及违反自行车高速公路安全的处罚条例，在立法层面上完善自行车交通的安全管理。根据道路交通安全法，针对自行车高速公路上自行车交通的骑行特征，地方政府可以拟定自行车交通的违法行为处罚条例如下：

(1) 自行车不按要求配置安全警示设备的处 50 元以下罚款。

(2) 骑行者在自行车高速公路上进行追逐赛，要进行安全教育，并处 100 元以下的罚款。

(3) 逆向骑行，进行安全教育警告，并处 200 元以下罚款。

(4) 骑行者不按交通指示信号规定通行，处 100 元以下罚款。

(5) 骑行过程中，骑行者不按要求随意停放自行车，妨碍他人通行的，进行安全教育，并处 30 元以下罚款。

(6) 醉酒骑行、超速骑行，进行警告，并处 100 元以下罚款。

(7) 自行车不按要求载人、载物的，进行安全教育，并处以警告。

(8) 骑行者骑行过程中随手抛物的，进行警告，并处 50 元以下罚款。

(9) 在一个自行车车道并行的骑行者，进行警告。

(10) 加装动力设备的自行车，处 100 元以下罚款，并勒令拆除加装动力设备。

(11) 未满 14 周岁骑行上自行车高速公路的，进行安全教育。

8.5.2　安全管理系统

在自行车高速公路的安全保障体系中，对自行车高速公路的相关影响因素进行分析，安全管理系统主要包括紧急救援系统、交通管制系统、安全监测系统、交通信息发布，如图 8.46 所示。

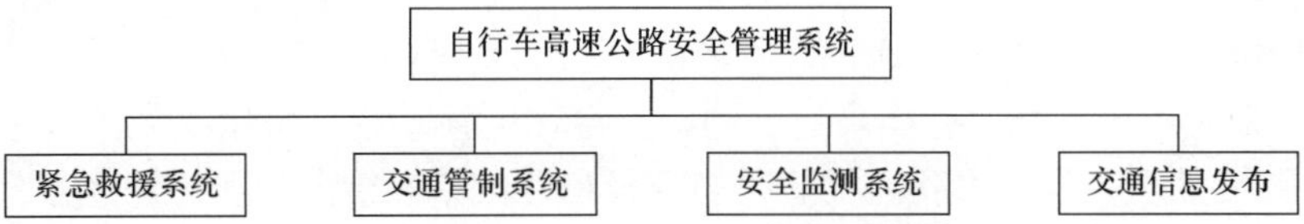

图 8.46　自行车高速公路安全管理系统

(1) 紧急救援系统。在自行车高速公路的安全保障体系中，紧急救援系统是在发生事故的时候启动的应急机制,为了在第一时间及时并高效地针对不同类型、不同程度的交通事故选择合理的救援反应。

(2) 交通管制系统。对于自行车高速公路的安全管理是一项技术密集、结构复杂的科学工作。只有充分运用现代管理理论与方法，采用现代先进通信、监测、检测、电子计算机等技术手段对自行车进行安全检测，对自行车高速公路状况进行大量数据搜集、整理、分析、处理，才能对自行车高速公路实施高效管理。

(3) 安全监测系统。在自行车高速公路的安全保障体系中，安全监测系统主要是指对不利气候环境的监测。不利气候是指包括阴天、雨、雪、大雾、高温及沙尘暴天气等相对晴天而言的不利天气。在这些不利气候条件下骑行，骑行者的视线极易受到影响，视距降低，路面与轮胎附着系数变小，制动距离显著延长，自行车不易控制，稍有疏忽，就可能导致交通事故的发生。

1. 气象环境监测系统

在自行车高速公路沿线范围建立气象环境监测系统，是解决高速公路交通安全问题的有效途径，也是自行车高速公路安全保障体系的重要组成部分。它利用先进的通信、计算机、自动控制等技术，使信息系统、监测系统及事故救援系统有机的结合起来，通过计算机网络实现对自行车高速公路交通的实时控制与指挥管理。在自行车高速公路的安全保障体系中，自行车高速公路监控中心充分利用信息采集系统得到的路况及天气信息，通过公路信息广播、可变情报板、可变信息标识及导航仪等信息发布设备，及时通知骑行者关于道路交通及天气状况的信息，以便骑行者及时调整行驶状态或出行路线；当异常天气引起的交通事故发生时，自行车高速公路监控中心可迅速做出反应，制定相应策略并派遣事件处理人员和救援设备及车辆，对相关路段进行控制并向出行者发布相关信息，使事故影响降低到最低程度。

气象环境监测系统主要包含以下几部分，如图 8.47 所示。

(1) 显示系统：在自行车高速公路的安全保障体系中，主要是通过可变情报板、可变限速标识和气象信息显示屏等将自行车高速公路监控中心产生的引导信息数据或限速标识图案，及时提供给自行车高速公路使用者。

(2) 信息采集系统：在自行车高速公路的安全保障体系中，通过布置在自行车高速公路沿线的气象检测设备采集道路范围内的能见度、降雨量、气温、路面积雪和冰冻等信息，然后传递给控制系统。

(3) 控制系统：在自行车高速公路的安全保障体系中，将接收到的气象信息进行计算机处理，根据不利天气的影响等级和评价指标给出合理的管理方案，如

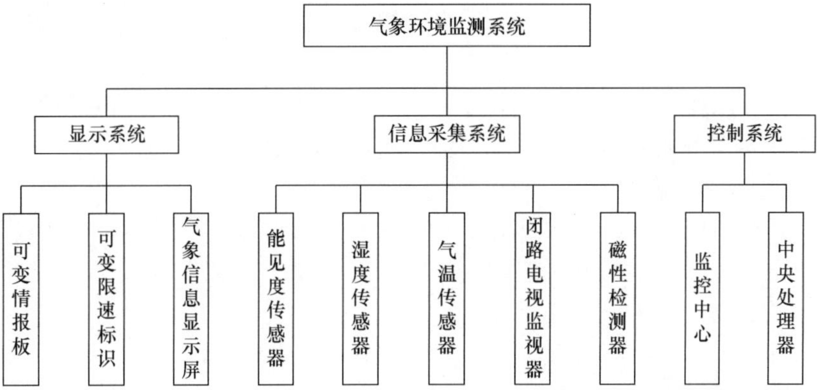

图 8.47　气象环境监测系统结构图

道路警示信息，并将这些信息通过自行车高速公路监控中心传递给显示系统。

2. 交通信息发布系统

在自行车高速公路的安全保障体系中，交通信息发布系统是自行车高速公路安全保障体系的一个重要组成部分，主要功能是为自行车高速公路使用者提供交通信息服务，其组成如图 8.48 所示。通过该系统能直接引导骑行者在不利气候下了解前方道路交通情况，控制骑行速度，确保行车安全。

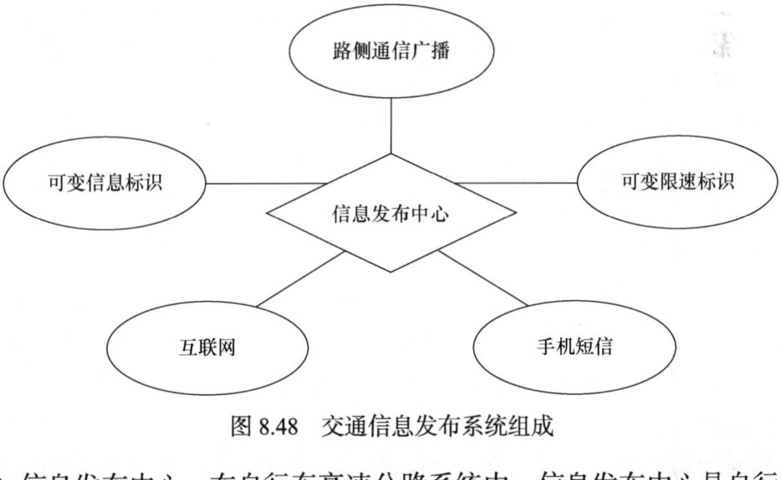

图 8.48　交通信息发布系统组成

(1) 信息发布中心。在自行车高速公路系统中，信息发布中心是自行车高速公路监控中心的一个组成部分，主要由计算机组成的局域网组成，设有管理人员和用于监视的大屏幕投影仪以及地图板。

(2) 可变信息标识。可变信息标识可以储存多种信息，它接收信息发布中心下达的显示命令，自动显示其中的某种信息。在自行车高速公路的安全保障体系中，道路上的行车环境由天气等原因而发生变化时，通过可变信息标识可以将情况及时反映出来。

(3) 可变限速标识。在自行车高速公路的安全保障体系中，可变限速标识通过接收信息发布中心的指令显示限速值，而可变限速信息标识则可以显示限速值和限速理由。

(4) 路侧通信广播。在自行车高速公路的安全保障体系中，路侧通信广播是通过设置在自行车高速公路沿线两侧的感应天线进行广播的，可以灵活地传递自行车高速公路天气和路况信息。

(5) 互联网。互联网已成为人们生活中不可缺少的部分，在自行车高速公路的安全保障体系中，通过互联网实时发布自行车高速公路沿线的天气和路况信息，方便出行者迅速查询，以对出行路线做出选择或进行充分的准备。

(6) 手机短信。在自行车高速公路的安全保障体系中，通过手机订阅，可以接收到自行车高速公路沿线天气的最新信息，特别是不利天气下安全行车注意事项。

在自行车高速公路系统中，自行车高速公路交通安全的管理部门应在全面掌握有关信息的基础上，制定出完整的、切实可行的措施，以有效地减少自行车交通事故的发生，为人们的安全出行提供保障。

8.5.3 安全管理措施

在自行车高速公路的安全保障体系中，加大惩罚力度往往是遏制违规操作的有力工具，但在这之前，做好宣传教育工作更为重要。除此之外，在自行车高速公路的安全保障体系中，安全防护措施也是必不可少的。

(1) 加强骑行者的教育管理，不断提高骑行者自身素质，让骑行者了解自行车高速公路的行驶特点，以便更好地对其进行安全方面的教育工作，让骑行者懂得在自行车高速公路上行驶的有关注意事项。

(2) 严肃处理违章行为，对违章的骑行者进行严格的教育。在自行车高速公路的安全保障体系中，骑行者应当注意行车计划的制订，行驶前要仔细检查车辆，尤其是车辆制动方面。另外，交通安全法规教育应当对全社会开展，以加强人们的法律法规意识。

(3) 保持车况的良好，不占道、不超载，保持自行车与自行车之间的科学距离。严厉处罚违反骑行法规条例的车辆，并进行严肃的安全教育，必须要使骑行者意识到问题的严重性和巨大的危害性。

8.6 小　　结

为了科学管理，本章从自行车高速公路的安全管理角度，提出了自行车高速公路的安全管理保障体系以及安全管理措施。在自行车高速公路系统中，自行车高速公路涉及面广，涉及内容多，为了保证自行车高速公路的安全运营，还需要建立自行车高速公路的紧急救援机制、系统监测机制等。在自行车高速公路的安全保障体系中，结合现有技术，构建自行车高速公路的智慧管理系统，以达到绿色出行、节能环保、强身健体的目的。

参 考 文 献

[1] 李忠东. 挪威力推自行车[J]. 中国自行车, 2016,(11): 80-81.

[2] 罗关洲. 交通系统的革命——自行车高速公路[J]. 养护与管理, 2016, 17(69): 57-60.

[3] 老焯源, 胡壹书, 宫钦钊, 等. 自动化自行车立体存放系统[J]. 装备制造技术, 2016, (9): 93-95.

[4] 方晔盛. 服务城市公交系统的便捷自行车停放设施设计[J]. 现代制造技术与装备, 2016, (5): 4-5.

[5] 李金刚, 戴帅. 城市自行车交通安全状况分析及对策研究[C]. 中国城市交通规划年会, 深圳, 2016: 1772-1778.

[6] 杨令. 中学生自行车骑行者风险感知研究[D]. 西安: 长安大学, 2016.

[7] 谢宇. 自行车高架快速路建设和轨道交通换乘的整合研究: 解决城市“最后一公里”的探索[D]. 北京: 北京交通大学, 2016.

[8] 王浩. 基于相关性度量的客流预测模型适用性分析及改进研究[D]. 北京: 北京交通大学, 2015.

[9] Chen D C, Chen W J, Hong T L, et al. Finite element analysis and mold design of forging process of highway bicycle pedal[J]. Materials Science Forum, 2013, 773/774: 63-69.

[10] Liu N T, Wu C T, Lin Y C. The study on the innovation bicycle design using functional element characteristics[J]. Applied Mechanics and Materials, 2015, 764/765: 383-387.

[11] Fahlstedt M, Halldin P, Kleiven S. The protective effect of a helmet in three bicycle accidents—A finite element study[J]. Accident Analysis & Prevention, 2016, 91: 135-143.

[12] 陶思然. 基于自行车与电动自行车的二元混合交通流特性研究[D]. 西安: 长安大学, 2015.

[13] 詹家凤. 中小城市公交线网优化方法研究[D]. 重庆: 重庆交通大学, 2015.

[14] 老海. 丹麦自行车: 骑出绿色的交通环境[J]. 防灾博览, 2015, (2): 68-71.

[15] 老海. 丹麦: 自行车王国的绿色交通[J]. 交通与运输, 2015, 31(2): 38-39.

[16] 闫杰. 自行车骑行文化研究[D]. 曲阜: 曲阜师范大学, 2015.

[17] Sethi M, Heyer J H, Wall S, et al. Alcohol use by urban bicyclists is associated with more severe injury, greater hospital resource use, and higher mortality[J]. Alcohol, 2016, 53: 1-7.

[18] 邓冰, 陈玲玲, 张翾. 国外自行车旅游研究综述[J]. 旅游学刊, 2015, 30(3): 116-126.

[19] 姜玉凤. 儿童自行车与自行车安全要求的比较和分析[J]. 中国自行车, 2015, (1): 100-103.

[20] 魏杏. 基于指数平滑法和 ARIMA 的交通量组合预测模型应用研究[D]. 郑州: 郑州大学, 2014.

[21] 周杨, 张冰琦, 李强. 公共自行车系统的研究进展与展望[J]. 城市发展研究, 2014, 21(9): 118-123.

[22] Silla A, Leden L, Rämä P, et al. Can cyclist safety be improved with intelligent transport systems?[J]. Accident Analysis & Prevention, 2017, 105: 134-145.

[23] Schepers P, Stipdonk H, Methorst R, et al. Bicycle fatalities: Trends in crashes with and without

motor vehicles in the Netherlands[J]. Transportation Research Part F: Traffic Psychology and Behaviour, 2017, 46: 491-499.
[24] 周乐, 戴继锋. 城市交通规划体系框架下的步行和自行车交通[J]. 城市交通, 2014, 12(4): 19-26.
[25] 赵贤兰. 城市自行车道路服务水平研究[D]. 北京: 北京建筑大学, 2014.
[26] 张鹏. "即存性和生长性"交互理念在公共自行车设计中的应用研究[D]. 太原: 太原理工大学, 2014.
[27] 葛宜元, 温晓鑫, 周远航, 等. 智能式双层自行车停放架设计[J]. 农机使用与维修, 2014, (5): 17-19.
[28] Fishman E, Washington S, Haworth N, et al. 公共自行车文献综述[J]. 城市交通, 2014, 12(2): 84-94.
[29] 李忠东. 伦敦打造"高空自行车"高速公路[J]. 中国自行车, 2014, (1): 80-81.
[30] Bogdanović V, Basarić V, Ruškić N, et al. Study of the establishment of the regional cycling route srem[J]. Transportation Research Procedia, 2016, 14: 2334-2343.
[31] Madsen T K O, Lahrmann H. Comparison of five bicycle facility designs in signalized intersections using traffic conflict studies[J]. Transportation Research Part F: Traffic Psychology and Behaviour, 2016, 46: 438-450.
[32] 郑景轩. 深圳市自行车交通系统发展策略[J]. 城市交通, 2014, 12(1): 34-40.
[33] 张景阳, 潘光友. 多元线性回归与 BP 神经网络预测模型对比与运用研究[J]. 昆明理工大学学报(自然科学版), 2013, 38(6): 61-67.
[34] 郑景轩. 深圳构建和谐友好自行车高速公路的发展策略[C]. 中国城市规划学会, 北京, 2013: 10.
[35] 冯建喜, 马汀·戴斯特, 扬·普瑞尔维茨. 荷兰自行车交通的历史演进及规划设计[J]. 国际城市规划, 2013, 28(3): 29-35.
[36] Salon D. Estimating pedestrian and cyclist activity at the neighborhood scale[J]. Journal of Transport Geography, 2016, 55: 11-21.
[37] Yasmin S, Eluru N. Latent segmentation based count models: Analysis of bicycle safety in Montreal and Toronto[J]. Accident Analysis & Prevention, 2016, 95: 157-171.
[38] 李珊珊. 平交路口机动车自行车行人及其相互干扰微观行为模型研究[D]. 北京: 北京交通大学, 2013.
[39] 高小林. 常规公交线网优化方法研究[D]. 西安: 长安大学, 2013.
[40] 雒妮. 城市自行车与公共交通换乘研究[D]. 西安: 西安建筑科技大学, 2013.
[41] 王伊鸣, 程婉. 德国自行车交通特点及分析[J]. 中国科技信息, 2013, (8): 143-144.
[42] 朱玮, 庞宇琦, 王德. 自行车出行行为和决策研究进展[J]. 国际城市规划, 2013, 28(1): 50-55.
[43] 余勇, 田金霞. 骑乘者休闲涉入、休闲效益与幸福感结构关系研究: 以肇庆星湖自行车绿道为例[J]. 旅游学刊, 2013, 28(2): 67-76.
[44] de Ceunynck T, Dorleman B, Daniels S, et al. Sharing is scaring? Interactions between buses and bicyclists on bus lanes shared with bicyclists[J]. Transportation Research Part F: Traffic

Psychology and Behaviour, 2016, 46: 301-315.
[45] Ng A, Debnath A K, Heesch K C. Cyclist' safety perceptions of cycling infrastructure at un-signalised intersections: Cross-sectional survey of Queensland cyclists[J]. Journal of Transport & Health, 2017, 6: 13-22.
[46] 简海云, 邓正芳. 基于湖滨城市特征的自行车专用道规划设计——昆明环湖东路自行车专用道设计分析[J]. 风景园林, 2012, (6): 33-37.
[47] 约翰·普切尔, 拉尔夫·比勒, 孙苑鑫. 难以抵挡的骑行诱惑: 荷兰、丹麦和德国的自行车交通推广经验研究[J]. 国际城市规划, 2012, 27(5): 26-42.
[48] 刘涟涟, 蔡军. 德国自行车交通复兴: 法规、规划与政策[J]. 国际城市规划, 2012, 27(5): 73-78.
[49] 梁肖. 自行车微观行为动力学建模及仿真研究[D]. 北京: 北京交通大学, 2012.
[50] 徐涛. 自行车与近代中国(1868—1949年)[D]. 上海: 华东师范大学, 2012.
[51] 何慰宁. 基于活动链的城市自行车换乘机理及选择行为研究[D]. 昆明: 昆明理工大学, 2012.
[52] 朱雷亭. 英国自行车交通规划实践及其借鉴[J]. 江苏城市规划, 2011, (12): 24-27.
[53] 周宏, 韩良峰. 城市交通: 走绿色环保发展之路: 荷兰城市自行车交通建设的经验和启示[J]. 经济问题探索, 2011, (9): 176-180.
[54] 潘海啸. 中国城市自行车交通政策的演变与可持续发展[J]. 城市规划学刊, 2011, (4): 82-86.
[55] DiGioia J, Watkins K E, Xu Y, et al. Safety impacts of bicycle infrastructure: A critical review[J]. Journal of Safety Research, 2017, 61: 105-119.
[56] Bowman B L, Vecellio R L, Haynes D W. Strategies for increasing bicycle and pedestrian safety and use[J]. Journal of Urban Planning and Development, 1994, 120(3): 105-114.
[57] 康凯. 城市公交线网优化方法研究[D]. 广州: 华南理工大学, 2011.
[58] 黄景明. 人性化设计在自行车设计中的应用研究[D]. 武汉: 湖北工业大学, 2011.
[59] 顾杨, 韩印, 方雪丽. 基于ARMA模型的公交枢纽站客流量预测方法研究[J]. 交通信息与安全, 2011, 29(2): 5-9.
[60] 陈向明. 自行车造型设计中的人性化体现[D]. 长春: 吉林大学, 2011.
[61] 李忠东. 低碳荷兰自行车成“国骑”[J]. 环境, 2011, (Z1): 46-49.
[62] 叶茂, 过秀成, 徐吉谦. 基于机非分流的大城市自行车路网规划研究[J]. 城市规划, 2010, 34(10): 56-60.
[63] 张兵. 威海市自行车与常规公交间的换乘系统研究[D]. 长春: 吉林大学, 2010.
[64] 潘昭宇, 李先, 陈燕凌, 等. 北京市步行、自行车交通系统改善对策[J]. 城市交通, 2010, 8(1): 53-59, 73.
[65] 马龙飞, 毕蕾. 基于随机需求的物流配送中心选址离散模型研究[J]. 物流科技, 2010, 33(1): 24-27.
[66] 陈峻, 谢之权. 行人-自行车共享道路的自行车交通冲突模型[J]. 吉林大学学报(工学版), 2009, 39(S2): 121-125.
[67] Loskorn J, Mills A F, Brady J F, et al. Effects of bicycle boxes on bicyclist and motorist behavior

at intersections in Austin, texas[J]. Journal of Transportation Engineering, 2013, 139(10): 1039-1046.
[68] 梁春岩，王殿海. 自行车群时间长度计算方法[J]. 北京工业大学学报，2009, 35(8): 1080-1083.
[69] 郭敏辉, 钟明. 上海市公共自行车系统规划与实践[J]. 城市交通, 2009, 7(4): 45-50,12.
[70] 许文. 考虑骑行者姿态的自行车设计方法研究与应用[D]. 天津: 天津大学, 2009.
[71] 何登旭, 李艳芳, 刘向虎, 等. 基于泛函网络的非线性回归预测模型及学习算法[J]. 计算机工程与应用, 2008, 44(24): 74-77.
[72] 韩西丽. 多目标城市自行车道网络规划设计探索：以台州市椒江区为例[J]. 北京大学学报(自然科学版), 2008, 44(4): 604-610.
[73] Seijts G H, Kok G, Bouter L M, et al. Barriers to wearing bicycle safety helmets in the Netherlands[J]. Archives of Pediatrics & Adolescent Medicine, 1995, 149(2): 174-180.
[74] 林霜. 自行车设计中的人机因素分析与研究[D]. 昆明: 昆明理工大学, 2008.
[75] 董陈继. 平面信号交叉口自行车微观行为研究[D]. 成都: 西南交通大学, 2007.
[76] 梁春岩. 自行车交通流特性及其应用研究[D]. 长春: 吉林大学, 2007.
[77] 王招贤. 基于平交路口的自行车交通安全特性研究[D]. 北京: 北京交通大学, 2007.
[78] 米文勇. 大城市自行车与轨道交通换乘系统研究[D]. 成都: 西南交通大学, 2007.
[79] 杨恩慧, 韦献兰. 大城市自行车停车场规划新探讨[J]. 职业圈, 2007, (1): 52-54.
[80] 邱法聚, 张予川, 易荃. 物流配送中心连续型选址模型的推广[J]. 物流科技, 2007, 30(1): 16-19.
[81] 杨紫松. 信号交叉口自行车交通组织方法研究[D]. 哈尔滨: 哈尔滨工业大学, 2006.
[82] 刘平, 邓卫. 自行车公共停车场规划设计探讨[J]. 交通科技与经济, 2006, 8(3): 102-104.
[83] 王瑶. 城市公交线网优化方法研究与应用[D]. 成都: 西南交通大学, 2006.
[84] Cox P. Quest for speed: A history of early bicycle racing 1868—1903[J]. The Journal of Transport History, 2013, 34(2): 22-27.
[85] 刘仁文. 荷兰的自行车文化[J]. 观察与思考, 2006, (Z1): 112.
[86] 胡冬梅. 基于 Pro/Engineer 的自行车参数化设计系统[D]. 天津: 天津大学, 2006.
[87] 高谋荣. 城市交通可持续发展中自行车交通研究[D]. 西安: 长安大学, 2005.
[88] 郑爱龙. 城市自行车交通网络规划研究[D]. 西安: 西安建筑科技大学, 2005.
[89] 孙燕燕. 基于 TransCAD 的城市公交线网优化方法研究及应用[D]. 长春: 吉林大学, 2004.
[90] 管红毅. 城市自行车交通系统研究[D]. 成都: 西南交通大学, 2004.
[91] 晓云. 驶上高速路的德国自行车[J]. 中国建设信息, 2003, (303): 57-58.
[92] 晓宇, 安东尼 · 威尔逊. 自行车发展史[J]. 交通与运输, 2002, 18(1): 1, 42-43.
[93] Ritchie A. The origins of bicycle racing in England: Technology, entertainment, sponsorship and advertising in the early history of the sport[J]. Journal of Sport History, 1999, 26(3): 489-520.
[94] 吴透明, 保利平, 张学锋. 自行车安全要求标准的探讨[J]. 检验检疫科学, 2001, 11(6): 16, 21-23.
[95] 长平. 自行车高速公路[J]. 道路交通管理, 2000, (7): 40.
[96] 肖才. 21 世纪城市交通新趋势:自行车高速公路[J]. 中国橡胶, 1998, 14(19): 32.

[97] 大边. 德国自行车市场现状[J]. 交电商品科技情报, 1996, (2): 16.
[98] 王淮南. 马尔可夫预测法在交通量预测中的应用[J]. 华东公路, 1990, (1): 42-45.
[99] Juhra C, Borycki E M, Kushniruk A W, et al. Making eco-friendly transportation safer: Developing computer-based simulations to assess of the impacts of bicycle accident prevention interventions on healthcare utilization[J]. Studies in Health Technology and Informatics, 2011, 164: 183-187.